Karin Hermanns

Das große Vorlesebuch für Menschen mit Demenz

Karin Hermanns

Das große Vorlesebuch für Menschen mit Demenz

Kaufmann Verlag

Bibliografische Information der Deutschen Bibliothek
Die Deutsche Bibliothek verzeichnet diese Publikation in der Deutschen Nationalbibliografie; detaillierte bibliografische Daten sind im Internet über http://dnb.dnb.de abrufbar.

4. Auflage 2026

Coverabbildung: Claudia Paulussen, Fotolia.com
Druck und Bindung: PNB Print

ISBN 978-3-7806-3177-0

Inhaltsverzeichnis

Vorwort 9

Frühlingsgefühle

Winter ade! ◑ 12
Der bockige Ofen ○ 13
Störche ◑ 16
Frühling ◑ 17
April ◑ 18
Der Aprilscherz ○ 19
Fritze an Franz ◑ 22
Mailied ◑ 23
Hexennacht ○ 24
Pimpernelle Zwiebelhaut ◑ 27
Max und Moritz Fünfter Streich (Auszug) ◑ 28
Tanzlied im Mai ◑ 30
Er ist's ◑ 31
Das besondere Muttertagsgeschenk ○ 32
Meiner Mutter ◑ 35
Meine Mutter ◑ 35
Was mag das wohl sein? ● 36
Wie lautet der zusammengesetzte Begriff? ● 38
Wie geht die Bauernregel weiter? ● 40
Osterwunsch ◑ 41
Ach du liebes Ei! ○ 42
Zu gut gelebt ◑ 45
Das Huhn und der Karpfen ◑ 46
Henne oder Ei? ◑ 47

○ *Geschichte* ◑ *Gedicht* ● *Rätsel*

Das Ostereierditschen ○ 48
Der Osterhas ◑ 51
Die auferstandene Puppe ○ 52
Ostern am Meer ◑ 55
Das geheimnisvolle Gebildbrot ○ 56
Was mag das wohl sein? ● 59
Wie lautet der zusammengesetzte Begriff? ● 61

Sommerfreuden

Der Sommer ◑ 64
Tierisches Liebesgeflüster ○ 65
Ferien ◑ 69
Der Schmetterling ◑ 70
Sommerfrische ◑ 71
Die Nachtigall ◑ 72
Das Gewitter ○ 73
Gewitter ◑ 77
Guter Rat ◑ 78
Libellentanz ◑ 79
Nach dem Regen ◑ 80
Regen, Regen! ◑ 81
Rache ist Blutwurst ○ 82
Die Ameisen ◑ 86
Die Bergmannskuh ◑ 87
Schwein gehabt! ○ 88
Im Garten ◑ 91
Was mag das wohl sein? ● 92
Wie lautet der zusammengesetzte Begriff? ● 94
Wie geht die Bauernregel weiter? ● 97

○ *Geschichte* ◑ *Gedicht* ● *Rätsel*

Herbsttöne

Der Herbst steht auf der Leiter ◑ 100
Der Herbst ◑ 101
Der Wind ◑ 102
Die verlorene Silberkette ○ 103
Im Herbst ◑ 106
Die Schwalben ◑ 107
Der vergessene Regenschirm ○ 108
Schlechtes Wetter ◑ 111
Ach, wer das doch könnte! ◑ 112
Hab Dank, du lieber Wind! ◑ 114
Der Schnupfen ◑ 115
Die Gebetserhörung ○ 116
Erntefest ◑ 119
Trauben, die ess' ich gern ◑ 120
Apfellese ◑ 121
Einkehr ◑ 122
Stoffel! ◑ 123
Der Seelentröster ○ 124
Die polyglotte Katze ◑ 127
Herbst ◑ 128
Was mag das wohl sein? ● 129
Wie lautet der zusammengesetzte Begriff? ● 131
Wie geht die Bauernregel weiter? ● 133

○ *Geschichte* ◑ *Gedicht* ● *Rätsel*

Eiszeit

Altes Kaminstück ◑ 136
Hals- und Beinbruch ○ 137
Der erste Schnee ◑ 140
Schneeflocken ◑ 142
Der Eislauf ◑ 143
Der Schneemann ◑ 144
Der unerwartete Beschützer ○ 145
Wenn in der Kälte ◑ 149
Der Winterabend ◑ 149
Der liebe Gott lässt fliegen ◑ 150
Ende gut, alles gut! ○ 151
Winternacht ◑ 154
Der Reif ◑ 155
Die besondere Schlittenfahrt ○ 156
Der Winter und die Spatzen ◑ 159
Was mag das wohl sein? ● 160
Wie lautet der zusammengesetzte Begriff? ● 162
Wie geht die Bauernregel weiter? ● 164
Der vorgezogene Heiligabend ○ 165
Das verschwundene Fahrrad ○ 169
Weihnachten ◑ 173
Vom Christkind ◑ 174
Fliegenbitte ◑ 175
Das Festmahl ○ 176
Die Heilige Nacht ◑ 180
Die wundersame Vermehrung ○ 181
Geschichte eines Pfefferkuchenmannes ◑ 184
Weihnachtsgedicht: Der Traum ◑ 186
Was mag das wohl sein? ● 187
Wie lautet der zusammengesetzte Begriff? ● 189

○ *Geschichte* ◑ *Gedicht* ● *Rätsel*

Vorwort

Menschen mit demenziellen Erkrankungen sind häufig auf der Suche nach Geborgenheit und Heimat, nach etwas, was sie wiedererkennen können und was ihnen vertraut ist. Zudem sind sie aufgrund der abnehmenden kognitiven Fähigkeiten im Verlauf der Erkrankung immer mehr auf Hilfe und Stimulierung von außen angewiesen, um sich selbst als teilnehmende Individuen wahrnehmen zu können.

Wo es im Umgang mit Demenzerkrankten gelingt, dafür einen Erlebnisraum zu schaffen, kann es zu einer Verlebendigung der Betroffenen und Stützung der eigenen Identität sowie zu einem Aufleben von positiven Emotionen kommen. Geschichten, Gedichte, Rätsel und Bilder, wie sie in diesem Buch zu finden sind, können eine hilfreiche Rolle dabei spielen.

Die Geschichten schildern einfache, konkrete, alltägliche Sachverhalte und legen einen besonderen Schwerpunkt auf das Einfangen und Beschreiben von Stimmungen und Gefühlslagen, die trotz kognitiver Einschränkungen von Demenzerkrankten leicht nachvollzogen werden können. Da das Langzeitgedächtnis der Betroffenen noch länger funktionsfähig ist, ist ein großer Teil der Geschichten in die Zeit zurückversetzt, in der viele der heutigen Demenzerkrankten ihre Kindheit, Jugend oder junges Erwachsensein erlebt haben, und so besteht bei den Zuhörern eine große Chance zur Wiedererkennung bzw. Aktivierung des noch möglichen Erinnerungsschatzes. Dementsprechend zeigt die Praxis, dass selbst bei schwerer an Demenz Erkrankten eigenes Erlebtes wiederbelebt wird und sie sich zu den Themen der Geschichten und auch Gedichte äußern. Aufgrund des meist homogenen kulturellen Erlebnisschatzes wird zudem ein Austausch der Betroffenen untereinander möglich. Ferner haben die Geschichten Erlebnisse und Emotionen zum Inhalt, die Demenzerkrankten aktuell vertraut sind, wie z. B. Angst, Einsamkeit, Verlust, Unsicherheit etc., wodurch diese Gefühle gewür-

digt werden und eine positive Verarbeitungshilfe angeboten wird. Zu jeder Geschichte sind Anregungen zur sinnlichen Vertiefung und Gesprächsimpulse vermerkt.
Die Gedichte dieses Buches sind Demenzerkrankten meist bekannt – wurden manchmal sogar früher auswendig gelernt – oder so gewählt, dass sie gut verstanden werden können und die Seele berühren. Die Rätsel sind als kleines Gehirnjogging geeignet.
Eine besondere Bedeutung kommt den stimmungsvollen Bildern in diesem Band zu. Ihr Anschauen kann Geborgenheitsgefühle wecken und ein Fenster zu eigenen Empfindungen und Erinnerungen aufstoßen. Alle Angebote in diesem Buch sind den Jahreszeiten zugeordnet und wollen helfen, die Alltagsroutine zu durchbrechen und mehr Lebensfreude, Entspannung und Geborgenheit in den Alltag von Demenzerkrankten und Pflegenden zu bringen.
Da das Erscheinungsbild der Demenz so unterschiedlich ist, wie es Menschen gibt, die daran erkrankt sind, können die Bedürfnisse der Betroffenen je nach Grad der Erkrankung, Tagesform und der jeweiligen Lebenssituation variieren. Was immer man aus diesem Buch präsentiert, immer sollte es auf die Möglichkeiten und Befindlichkeiten der Betroffenen abgestimmt sein und das Wohlbefinden der Zuhörer steigern. Das Buch kann sowohl im institutionellen wie auch im privaten Rahmen eingesetzt werden.

Frühlingsgefühle

Winter ade!

So hört doch, was die Lerche singt!
Hört, wie sie frohe Botschaft bringt!
Es kommt auf goldnem Sonnenstrahl
der Frühling heim in unser Tal,
er streuet bunte Blumen aus
und bringet Freud' in jedes Haus.
Winter, ade!
Frühling, juchhe!
Was uns die liebe Lerche singt,
in unsern Herzen wiederklingt.
Der Winter sagt: Ade! Ade!
Und hin ist Kälte, Reif und Schnee
und Nebel hin und Dunkelheit,
willkommen, süße Frühlingszeit!
Winter, ade!
Frühling, juchhe!

Hoffmann von Fallersleben

Der bockige Ofen

Sophie schaute etwas missmutig aus dem Fenster, gegen das unaufhörlich der Regen peitschte. Der Kalender zeigte bereits den 21. März, also Frühlingsanfang, aber es wollte und wollte nicht wärmer werden. Zwar hieß es „Frühlingsregen bringt Segen", aber Sophie sehnte sich nach dem langen und strengen Winter nach Sonne und Wärme. Die lange Heizperiode belastete außerdem ihr finanzielles Budget, denn Kohle war teuer und das Geld reichte ohnehin vorne und hinten nicht.

Sophie schaute in den Ofen, der wieder einmal ausgegangen war. Irgendwie zog das Ding in letzter Zeit schrecklich schlecht, und Sophie konnte sich keinen Reim darauf machen, woran das lag. Die Kohle war die gleiche und der Keller, wo sie lagerte, eigentlich nicht feucht. Sophie nahm den Anzeigenteil aus der Morgenzeitung, knüllte einige Blätter zusammen und stopfte sie in den Ofen. Darüber schichtete sie einige trockene Hölzchen und drapierte zwei, drei Kohlestückchen darauf. Ein brennendes Streichhölzchen verwandelte das Ganze in ein loderndes Feuerchen, das hoffen ließ. Sophie pustete ein wenig in die Flammen, wodurch das Feuer noch mehr in Fahrt kam, und freute sich auf den bald bullernden Ofen. „Wer sagt's denn, gekonnt ist gekonnt", lobte sie sich selbst.

Denkste! Kaum hatten die Flammen Papier und Holz verzehrt, quoll dicker, grauer Rauch, der Sophie ätzend in Augen und Nase stieg und sie zum Husten brachte, aus dem Ofen, und die Kohlen blieben unversehrt liegen. Sophies Laune wurde noch schlechter. „Du blödes, bockiges, widerborstiges Ungetüm!", schnauzte sie den Ofen an, was den aber wenig beeindruckte. Schwarz und kalt stand er stoisch mit seinem langen Rohr, das bis zur Decke reichte, in der Ecke. „Na warte, ich mache dir Beine", schimpfte Sophie. Aber auch der zweite Versuch, den Ofen in Gang zu bringen, schlug ebenso fehl wie der erste. Nach einem kurzen Strohfeuer erloschen die Flammen so schnell, wie sie gekommen waren.

Sophie war ratlos. Irgendetwas stimmte mit dem Zug des Ofens nicht. Vielleicht müsste der Schornstein wieder einmal gereinigt werden, überlegte sie, das war schließlich schon eine Weile her. Sogleich machte sie sich zu Schornsteinfegermeister Rudolf auf, der in

der Nachbarschaft wohnte. Er eilte dann Sophie auch sofort zu Hilfe und stieg mit Kugel und Besen dem Ofen buchstäblich aufs Dach. Kaum am Schornstein angekommen, machte der Schornsteinfeger eine erstaunliche Entdeckung. Auf dem Schornstein thronte ein kunstvoll gefertigtes Storchennest. Das warme Plätzchen war dem Storchenpaar wohl gerade recht für den Bau seiner Kinderstube gewesen. Gott sei Dank lagen noch keine Eier drin. Kein Wunder, dass der Ofen die Verstopfung von oben übel genommen hatte.
Um dem Storchenpaar nicht seine Kinderstube zu nehmen, quartierte Schornsteinfeger Rudolf das Nest behutsam auf einen benachbarten Schornstein eines alten Schuppens um, der nicht mehr genutzt wurde. So war beiden geholfen. Sophies Ofen brannte wieder wunderbar. Das Storchenpaar verlor nicht sein Zuhause für seine Jungen, die einige Wochen später von Sophie durch ein Fernglas beobachtet werden konnten. Die Storcheneltern hatten den Umzug ihres Nestes zum Glück nicht übel genommen, und Sophie war durch den Anblick der süßen Storchenbabys auch für ihren Ärger mit dem Ofen entschädigt.

Anschauungsmaterial zur sinnlichen Unterstützung:

- eine alte Zeitung (auch eine geknüllte Seite)
- Streichhölzer
- ein dünnes und ein dickes Holzscheit
- falls möglich Kohlestückchen oder ein Kohlebrikett

Gesprächsimpulse zur Geschichte:

- Wie wurde früher geheizt oder gekocht?
- Was musste man bei der Befeuerung von Öfen beachten?
- Woher wurden die Brennmaterialien bezogen?
- Was hat man in der Kriegs- und Nachkriegszeit unternommen, um an Brennbares legal oder illegal heranzukommen?
- Was wissen die Zuhörer über Störche zu erzählen?
- Was wird im Volksglauben mit dem Storch verbunden?

Störche

Die Sonne scheint, der Sommer ist nah;
nun sind auch wir Störche wieder da.
Wir haben im fernen Land unterdessen
nicht unser liebes Nest vergessen.
Da steht's noch; nun wollen wir's putzen und hüten,
und still drin wohnen und fröhlich brüten.

Sie bauten es aus mit Holz und Stroh,
sie waren so eifrig dabei, so froh.
Frau Störchin saß drauf drei Wochen lang,
da hörte man bald gar mancherlei Klang;
fünf Störchlein reckten die Köpfchen herauf
und sperrten die hungrigen Schnäbel auf.

Wilhelm Hey

Frühling

Nun ist er endlich kommen doch
in grünem Knospenschuh;
„er kam, er kam ja immer noch“,
die Bäume nicken sich's zu.
Sie konnten ihn all erwarten kaum,
nun treiben sie Schuss auf Schuss;
im Garten der alte Apfelbaum,
er sträubt sich, aber er muss.
Wohl zögert auch das alte Herz
und atmet noch nicht frei,
es bangt und sorgt: „Es ist erst März,
und März ist noch nicht Mai.“
O schüttle ab den schweren Traum
und die lange Winterruh':
Es wagt es der alte Apfelbaum,
Herze, wag's auch du.

Theodor Fontane

April

April! April!
Der weiß nicht, was er will.
Bald lacht der Himmel blau und rein,
bald schaun die Wolken düster drein,
bald Regen und bald Sonnenschein!
Was sind mir das für Sachen,
mit Weinen und mit Lachen
ein solch Gesaus zu machen!
April! April!
Der weiß nicht, was er will.
O weh! O weh!
Nun kommt er gar mit Schnee
und schneit mir in den Blütenbaum,
in all den Frühlingswiegentraum!
Ganz greulich ist's, man glaubt es kaum:
Heut Frost und gestern Hitze,
heut Reif und morgen Blitze,
das sind so seine Witze!
O weh! O weh!
Nun kommt er gar mit Schnee!
Hurra! Hurra!
Der Frühling ist doch da!
Und treibt der raue Wintersmann
auch seinen Freund, den Nordwind an
und wehrt er sich, so gut er kann –
es soll ihm nicht gelingen:
Denn alle Knospen springen,
und alle Vögel singen.
Hurra! Hurra!
Der Frühling ist doch da!

Heinrich Seidel

Der Aprilscherz

Die Sonne hatte sich schlagartig verzogen und ein heftiger Graupelschauer, in dem sich auch noch die eine oder andere Schneeflocke versteckte, prasselte auf die Erde. Helene wippte auf Omas Schaukelstuhl hin und her und betrachtete das Schauspiel durch Omas Wohnzimmerfenster. Der April machte wirklich, was er will, dachte sie, obwohl er gerade erst einen Tag alt war. Auf Omas Kalender stand übergroß, weil Oma nicht mehr so gut sehen konnte: 1. April! Helene war gern bei ihrer Oma Ida zu Besuch. Sie war liebenswert, ließ ihr vieles durchgehen und behandelte sie vor allem nie wie ein kleines Kind, schließlich war sie schon zwölf. Helene liebte ihre Oma deshalb abgöttisch, aber manchmal hatte sie es auch faustdick hinter den Ohren. Und so grübelte Helene, wie sie Oma heute wohl in den April schicken konnte. Oma war kurz einkaufen und würde bald zurückkommen. Gerade noch Zeit genug, um sich etwas einfallen zu lassen.

Als Helene noch dabei war, ihre grauen Zellen anzustrengen, fiel ihr Blick auf Omas Schreibmaschine, die sorgfältig mit einer Hülle abgedeckt auf dem kleinen Schreibsekretär in der Ecke stand. Das war es! Die Idee war geboren. Flugs zog Helene die Abdeckung von der Maschine, spannte einen Bogen Papier ein, und schon begannen zwei ihrer Finger, die Tasten zu malträtieren. Nach zehn Minuten war das Werk vollbracht. Helene faltete den beschriebenen Bogen sorgfältig zusammen, steckte ihn in einen Briefumschlag, schrieb in Druckbuchstaben Omas Anschrift darauf und klebte mit Uhu eine Briefmarke, die sie zuvor vorsichtig von einem alten Brief über Wasserdampf abgelöst hatte, darauf. „Das sieht täuschend echt aus“, stellte Helene zufrieden fest und sauste mit dem Teil zu Omas Briefkasten, um es darin verschwinden zu lassen.

Als Oma vom Einkauf zurückkam, saß Helene wieder im Schaukelstuhl, als ob nichts geschehen wäre. Oma stellte die Einkaufstaschen ab und schaute ihre Post durch, die sie aus dem Briefkasten geholt

hatte. Es dauerte nicht lange, und sie hielt den Brief von Helene in der Hand, auf dem allerdings als Absender nicht Helene, sondern ein Herr Heinz Krusewetter stand. Oma zog die Stirn kraus. Einen Heinz Krusewetter kannte sie gar nicht. Nun, vielleicht würde der Inhalt des Briefes ihr auf die Sprünge helfen. Was sich ihr da offenbarte, machte sie allerdings noch ratloser, denn dort stand:
„Mein liebster Schatz auf Erden, ich habe Dich nie vergessen können. Ich liebe Dich noch heute und würde Dich immer noch gerne heiraten. Dein Dich innig liebender Heinz"
Oma verstand die Welt nicht mehr. Wer um Gottes Willen war Heinz, und wie konnte sich dieser Herr erdreisten, ihr einen Hei-

ratsantrag zu machen? Sie war schließlich 75. Oma ging in Gedanken all ihre Jugendlieben und Schulkameraden durch, aber an einen Heinz konnte sie sich beim besten Willen nicht erinnern.
Helene schwieg und machte zunächst ein Pokerface. Als Oma aber, der die Sache keine Ruhe ließ, anfing, ihre alten Fotoalben rauszukramen, um dort nach einem Heinz zu suchen, ließ Helene die Bombe platzen und gab sich mit den Worten „April, April, Oma!" als Schreiberin des Briefes zu erkennen. Zum Glück hatte Oma Humor und nahm Helene den Aprilscherz nicht übel. Sie schimpfte sie zwar einen ausgekochten Frechdachs und gab ihr symbolisch einen Puff in die Rippen, damit war aber die Sache vom Tisch. Zumindest für Helene.
Als Oma abends im Bett lag, nahm sie den Brief, mit dem Helene sie in den April geschickt hatte, noch einmal zur Hand, und während sie las, seufzte sie leise: „Eigentlich schade, dass der Brief nicht echt ist, es gibt doch nichts Schöneres, als von einer großen Liebe umworben zu werden, auch wenn man schon 75 ist."

Anschauungsmaterial zur sinnlichen Unterstützung:

- eine alte Schreibmaschine
- ein Kalender, auf dem der 1. April rot gekennzeichnet ist
- ein Foto von einer Oma mit ihrer Enkelin
- ein Brief mit abgestempelter Briefmarke, Anschrift und Absender

Gesprächsimpulse zur Geschichte:

- An welche Aprilscherze können sich die Zuhörer erinnern, sowohl als „Reinleger" wie auch „Reingelegte"?
- Wie verstehen sich die Zuhörer mit ihren Enkeln, wenn sie welche haben?
- Sind die Zuhörer der großen Liebe im Leben begegnet? Wie war das?
- Gibt es Liebesbriefe, die sie aufgehoben haben?
- Kann man sich im Alter noch verlieben?

Fritze an Franz

Ich habe Lenchen heut geküsst,
Mama hat's nicht gesehn;
denn, lieber Franz, wenn die da ist,
darf so was nicht geschehn.
Sie sagt, ich bleib vom Küssen tot,
ich glaub' es aber nicht;
wie wär denn Lenchens Mund so rot?
So freundlich ihr Gesicht?
Drum lief ich schnell zu Lenchen hin
und küsste ihren Mund;
das schmeckte gut, Franz! – und ich bin
bis dato noch gesund.
Und werd' es sicher wieder tun,
sobald es möglich ist.
Und sterb ich denn davon – je nun!
So hab ich doch geküsst.

Matthias Claudius

Mailied

Der Anger steht so grün, so grün,
die blauen Veilchenglocken blühn
und Schlüsselblumen drunter.
Der Wiesengrund ist schon so bunt
und färbt sich täglich bunter.
Drum komme, wem der Mai gefällt,
und freue sich der schönen Welt
und Gottes Vatergüte,
die diese Pracht hervorgebracht,
den Baum und seine Blüte.

Ludwig Christoph Hölty

Hexennacht

Der 1. Mai stand vor der Tür und die Natur erwachte an allen Ecken und Kanten zu neuem Leben. Die Frühlingsblumen schienen in ihrer vielfältigen Pracht um den Schönheitspreis zu konkurrieren und das Grün der Bäume und Sträucher explodierte so gewaltig, dass sich die Landschaft im Nu in herrliches Grün verwandelte. Die Luft war schon angenehm warm und die Vögel zwitscherten in höchsten Tönen Liebesweisen, um ihre Partner zu beeindrucken.

Weil es abends schon länger hell blieb, spielten die Kinder bis in die Abendstunden auf der Straße und waren trotz der Rufe ihrer Eltern nur unter Protest dazu zu bewegen, nach Hause zu gehen. Auch Joachim und seine beiden Freunde, die den ganzen Nachmittag über „Räuber und Gendarm" gespielt hatten, standen noch unter der Dorflinde und steckten, obwohl es schon dunkel wurde, geheimnisvoll tuschelnd ihre Köpfe zusammen. Dass sie schon längst am Abendbrottisch zu Hause sitzen sollten, ignorierten sie geflissentlich.

Heute war Hexennacht, und da war es Brauch, dem einen oder anderen im Dorf einen gemeinen Streich zu spielen. Joachim und seine Kameraden freuten sich schon diebisch auf ihre geheime Mission und stellten sich, schon vor vollbrachter Tat feixend, das dumme Gesicht ihres Opfers vor. Das war Bäcker Baldus, der seinen Kunden des Öfteren zu kleine Brötchen andrehte. Dafür würden sie ihm heute Nacht eine Lektion erteilen, die er so schnell nicht vergessen würde.

So unauffällig wie möglich schlichen sich die Jungs zur Backstube von Bäcker Baldus, die verlassen hinter dem Wohnhaus auf dem Hof stand. Baldus lag wohl wie gewohnt bereits in der Falle. Schließlich musste er in der Nacht schon wieder aufstehen, um die Brötchen und Torten für die Dorfbewohner rechtzeitig fertig zu haben. Joachim sah als Erster, dass ein kleines Fenster der Backstube offen war. „Da steigen wir ein", rief er im Flüsterton seinen Kameraden

zu. Während einer der Jungs draußen Schmiere stand, verschwanden Joachim und sein Kumpel durch das Fenster in die Backstube. Die mitgebrachte Taschenlampe half schnell, den Zucker- und den Salztrog ausfindig zu machen. Und dann ging's ans Werk: Wo Salz draufstand, kam Zucker hinein, und wo Zucker zu lesen war, kippten die Buben das Salz hinein. Hatte da nicht gerade ihr Kumpel einen warnenden Pfiff abgegeben? Du lieber Himmel, hatten sie etwa Bäcker Baldus geweckt? Joachim und sein Freund machten rasch die Taschenlampe aus und hielten den Atem an. Aber alles blieb ruhig. Gott sei Dank war es wohl eine Täuschung gewesen. „Nichts wie weg“, zischte Joachim, trieb seinen Freund zur Eile an und schob ihn, so rasch er konnte, zum Fenster hinaus. Das war geschafft! Ohne ein Geräusch zu machen, verließen die drei den Tatort und machten sich unschuldig dreinblickend auf den Heimweg.

Was am nächsten Tag in der Bäckerei los war, war unvorstellbar. Das halbe Dorf stand in Baldus' Laden und beschwerte sich lauthals über die versalzenen Torten und die zu süßen Brötchen und Brote. Baldus konnte sich die Sache nicht erklären, entschuldigte sich vielmals und versprach für den nächsten Tag als Schadensersatz Brötchen umsonst. Joachim und seine Freunde empfanden das als ausgleichende Gerechtigkeit. Erst viel später am Tag entdeckte der Bäcker, dass Salz und Zucker in seinen Trögen vertauscht waren. Wer allerdings dafür verantwortlich war, bekam Bäcker Baldus zum Glück nie heraus. Sonst hätte es für Joachim und seine Freunde Dresche gesetzt. So mussten es wohl die Hexen gewesen sein, und die entschwanden bekanntlich für jeden unerreichbar auf ihren Besen.

Anschauungsmaterial zur sinnlichen Unterstützung:

- eine Hexenfigur (Marionette, gebastelte Dekohexe o. Ä.)
- ein Salz- und ein Zuckerfass

Gesprächsimpulse zur Geschichte:

- An welche Streiche in der Hexennacht können sich die Zuhörer erinnern?
- Wurde ihnen schon einmal böse mitgespielt?
- Haben die Zuhörer Erfahrung mit Bäckern, die zu kleine Brötchen gebacken haben?

Pimpernelle Zwiebelhaut

Kennt ihr schon die Hexenbraut
Pimpernelle Zwiebelhaut?
Rückwärts kriecht sie aus dem Bett,
schrubbt sich ab mit Stiefelfett,
kocht sich Seifenblasentee,
futtert Scheuerlappen mit Gelee,
Zittergras und Fliegenkleckse –
ja, das schmeckt der kleinen Hexe!

Doch das ist schon lange her.
Pimpernelle lebt nicht mehr –
hat sich Kichererbsenbrei gemacht
und sich beim Kichern totgelacht.

Hans Adolf Halbey

Max und Moritz
Fünfter Streich (Auszug)

Jeder weiß, was so ein Mai-
Käfer für ein Vogel sei.
In den Bäumen hin und her
fliegt und kriecht und krabbelt er.

Max und Moritz, immer munter,
schütteln sie vom Baum herunter.
In die Tüte von Papiere
sperren sie die Krabbeltiere.

Fort damit und in die Ecke
unter Onkel Fritzens Decke!
Bald zu Bett geht Onkel Fritze
in der spitzen Zipfelmütze;

seine Augen macht er zu,
hüllt sich ein und schläft in Ruh.
Doch die Käfer, kritze, kratze!
Kommen schnell aus der Matratze.

Schon fasst einer, der voran,
Onkel Fritzens Nase an.
„Bau!", schreit er. „Was ist das hier?"
Und erfasst das Ungetier.

Und den Onkel, voller Grausen,
sieht man aus dem Bette sausen.
„Autsch!" – Schon wieder hat er einen
im Genicke, an den Beinen;

hin und her und rundherum
kriecht es, fliegt es mit Gebrumm.
Onkel Fritz, in dieser Not,
haut und trampelt alles tot.

Guckste wohl, jetzt ist's vorbei
mit der Käferkrabbelei!
Onkel Fritz hat wieder Ruh
und macht seine Augen zu.

Wilhelm Busch

Tanzlied im Mai

Zum Reigen herbei
im fröhlichen Mai!
Mit Blüten und Zweigen
bekränzt euch zum Reigen!
Im fröhlichen Mai
zum Reigen herbei!

Zum Reigen herbei!
Mit Jubelgeschrei
die Vögel sich schwingen,
sie rufen und singen
mit Jubelgeschrei:
Zum Reigen herbei!

Juchheißa, juchhei!
Wie schön ist der Mai!
Wir haben's vernommen,
wir kommen, wir kommen.
Wie schön ist der Mai!
Juchheißa, juchhei!

Hoffmann von Fallersleben

Er ist's

Frühling lässt sein blaues Band
wieder flattern durch die Lüfte;
süße, wohlbekannte Düfte
streifen ahnungsvoll das Land.
Veilchen träumen schon,
wollen balde kommen.
Horch, von fern ein leiser Harfenton!
Frühling, ja du bist's!
Dich hab ich vernommen!

Eduard Mörike

Das besondere Muttertagsgeschenk

Rosi hatte sich auf die Terrasse gesetzt, um ein wenig Sonne zu tanken und sich der in allen Farben blühenden Blumen und des saftigen Maigrüns in ihrem Garten zu erfreuen. Neben ihr stand eine dampfende Tasse Kaffee, deren Aroma ihr verheißungsvoll in die Nase stieg. Der Napfkuchen, den sie sich beim Bäcker gekauft hatte, schmeckte nicht schlecht. Aber all diese angenehmen Dinge, die sie durchaus zu schätzen wusste, täuschten nicht über ihre tief empfundene Einsamkeit hinweg. Sie war jetzt siebzig Jahre alt; ihr Mann war früh verstorben, und Kinder hatte ihnen der Himmel keine geschenkt, was sie noch immer als sehr schmerzlich empfand. Gerade heute am Muttertag wären ein Sohn oder eine Tochter wirklich ein Trost.
Man kann nicht alles haben, machte sie sich selbst Mut. Sie hatte eine gute Stellung gehabt und bekam als ehemalige Chefsekretärin eine passable Rente. Nicht alle Frauen ihrer Generation konnten über so viel Geld wie sie verfügen. Aber Geld allein machte eben nicht glücklich, auch wenn es einem so manche Freiheit erlaubte.
Während Rosi noch ihren etwas schwermütigen Gedanken nachhing, klingelte es plötzlich an der Haustür. „Wahrscheinlich ist es meine Nachbarin, der wieder einmal Kaffee oder Milch ausgegangen sind," vermutete Rosi. Sie ging zur Haustür und öffnete. Nanu, da stand nicht die Nachbarin, sondern ein kleines Mädchen, das wohl ein paar Häuser weiter wohnte. Es schaute sie aus blitzblauen Augen an und streckte ihr freudestrahlend einen kleinen Strauß aus Maiglöckchen, der in einer Scherenschnittmanschette steckte, entgegen.
„Äh, sind die für mich?", stammelte Rosi etwas verwirrt.
„Ja, für dich zum Muttertag!", erklärte das Mädchen in einer Selbstverständlichkeit, dass Rosi nur so staunte.
„Für mich zum Muttertag?", entgegnete Rosi zweifelnd und gleichzeitig gerührt.

„Ich hab' die Blumen für dich gepflückt, weil du doch keine Kinder und auch keine Enkel hast", bestätigte die Kleine, und sie fügte noch leise hinzu: „Und ich keine Oma", wobei ein trauriger Zug um ihren Mund sichtbar wurde.

Rosi fand vor Überraschung noch immer keine Worte, ergriff dann aber endlich den Strauß und bat die Kleine zu einer Limonade und einem Stück Napfkuchen zu sich auf die Terrasse. Begeistert lief die Kleine hinter Rosi her, genoss die Limonade, stopfte sich den Mund mit Kuchen voll und fing an, mit Rosi herzerfrischend zu plaudern. Die Unbefangenheit und das Vertrauen des Kindes taten Rosi gut, und sie freute sich über die unerwartete Wende ihres Tages. Am späten Nachmittag kramte sie sogar noch ein altes Mensch-ärgere-dich-nicht-Spiel aus ihren Kindertagen hervor und ließ sich von der Kleinen kräftig rausschmeißen, was diese mit schadenfrohem Lachen honorierte.

Der Nachmittag verging wie im Flug, und als sich Irene, so hieß das Mädchen, am frühen Abend mit den Worten „Tschüss Oma, bis morgen!“ verabschiedete und ihr auch noch flüchtig einen Kuss auf die Wange hauchte, durchflutete Rosi eine Wärme und ein Glück, das sie schon lange nicht mehr empfunden hatte. So eine Adoptivenkelin war doch gar keine schlechte Idee und eine Adoptivoma sicher auch nicht, dachte Rosi zufrieden lächelnd und nahm sich vor, am nächsten Tag mit der Kleinen in den Zoo zu gehen. Dass die beiden unzertrennliche Freundinnen wurden, darf noch erwähnt werden.

Anschauungsmaterial zur sinnlichen Unterstützung:

- ein bunter Frühlingsstrauß
- ein frischer Napfkuchen, der nach dem Vorlesen der Geschichte gegessen werden darf

Gesprächsimpulse zur Geschichte:

- Wie haben die Zuhörer ihre Mutter am Muttertag verwöhnt?
- Ist ihnen noch ein Muttertagsgedicht in Erinnerung, das sie vielleicht sogar aufsagen können?
- Was hat den Zuhörern ihre Mutter bedeutet?
- Gibt es Sätze bzw. Lebensweisheiten, die sie von ihr noch in Erinnerung haben?

Meiner Mutter

Wie oft sah ich die blassen Hände nähen
ein Stück für mich – wie liebevoll du sorgtest!
Ich sah zum Himmel deine Augen flehen,
ein Wunsch für mich – wie liebevoll du sorgtest!
Und an mein Bett kamst du mit leisen Zehen,
ein Schutz für mich – wie sorgenvoll du horchtest!
Längst schon dein Grab die Winde überwehen,
ein Gruß für mich – wie liebevoll du sorgtest!

Detlev von Liliencron

Meine Mutter

Kein Vogel sitzt in Flaum und Moos
in seinem Nest so warm
als ich auf meiner Mutter Schoß,
auf meiner Mutter Arm.
Und tut mir weh mein Kopf und Fuß,
vergeht mir aller Schmerz,
gibt mir die Mutter einen Kuss
und drückt mich an ihr Herz.

Friedrich Wilhelm Güll

Was mag das wohl sein?

Die Bäume werden wieder grün
und Blumen tausendfach erblüh'n.
Vögel singen jauchzend Lieder,
die Sonnenstrahlen wärmen Glieder.
Der Spatz legt Eier in sein Nest,
die Liebe feiert froh ein Fest.
Der Winter ist zum Glück vergangen!
Welch' Jahreszeit hat angefangen?
(Frühling)

Auf dem Dorfplatze, seht,
ein Birkenbaum nun steht,
er ist gar völlig kahl
und glatter als ein Aal,
hat oben einen Kranz,
lädt alle ein zum Tanz.
(Maibaum)

Vielen schmeckt sie wirklich wohl,
ist darin doch Alkohol.
Erdbeer'n, Himbeer'n, Ananas
schmecken köstlich in dem Nass.
Mit einem Glasstäbchen dann
man darin auch angeln kann.
Ist zu viel dann in dem Bauch,
jodeln manche fröhlich auch.
Wird getrunken oft im Mai.
Prost, ich bin dann mal so frei!
(Maibowle)

Wenn die Sonne höher steigt,
die Hausfrau zu dem Besen greift.
Dann wird gewienert und geschrubbt,
der Teppich auf die Stang' gewuppt.
Gebohnert werden auch die Dielen,
bis die Hände sind voll Schwielen.
Die Gardinen schwärzer als die Nacht
werden im Zuber sauber gemacht.
Das wohlverdiente Ende kommt erst dann,
wenn man sich überall drin spiegeln kann.
(Frühjahrsputz)

Er ist ein Kummer ganz besonderer Art,
mit Sehnsucht und Trauer meist gepaart.
Ist ein Schmerz, was soll man sagen,
schlimmer als ein Krampf im Magen.
Raubt den Schlaf bei Tag und Nacht,
ganz egal was man auch macht.
Trifft aus heit'rem Himmel Jung' und Alte,
jeder kennt's, der sich schon mal verknallte.
Ob man jammert oder weint,
endet erst, wenn man vereint.
(Liebeskummer)

Am Anfang gibt's nur eine Larve,
die wächst und wächst fast nur im Schlafe.
Nach langer, langer Zeit
ein brauner Kerl sich dann befreit.
Er brummt und surrt sich durch die Welt,
besonders Kindern dies gefällt.
(Maikäfer)

Wie lautet der zusammengesetzte Begriff?

1. Kalt und nass,
   macht Kindern Spaß.
   Die nehmen dann den Schlitten raus
   und kommen abends spät nach Haus'.
   (Schnee)

2. Hat eine schöne Form,
   klingt laut vom hohen Turm.
   Ruft die Menschen zum Gebet,
   mit der Silbe „chen" dann hinten steht.
   (Glöckchen)

   Lösungswort: Schneeglöckchen

1. Auf dem ersten Frühlingsbeet
   sie in vielen Farben steht.
   Im Kelch manch' Biene sich versteckt
   und gierig süßen Nektar schleckt.
   (Tulpe)

2. Sie ist rund, hat viele Häute,
   beim Schneiden weinen meist die Leute.
   Ist im Essen überall zu Haus,
   im Garten wachsen Blumen draus.
   (Zwiebel)

   Lösungswort: Tulpenzwiebel

1. Im Winter sind sie meist verlassen,
   weil die Tiere Kälte hassen.
   Im Sommer sind sie grün,
   drum schmeckt's dort allen Küh'n.
   (Weiden)

2. Süß und drollig sieht es aus,
   springt und tollt durchs ganze Haus.
   Mag gern Milch und schnurren,
   bringt Hunde meist zum Knurren.
   (Kätzchen)

Lösungswort: Weidenkätzchen

1. Ein Ungetüm aus Stahl und Eisen
   fährt windesschnell auf langen Gleisen.
   Hält mal hier und auch mal dort,
   bringt dich schnell an jeden Ort.
   (Zug)

2. Sein Kleid ist bunt und auch mal grau,
   er heißt Fink, Star, Spatz oder Pfau,
   singt er fröhlich im Geäst,
   gibt es bald ein süßes Nest.
   (Vogel)

Lösungswort: Zugvogel

Wie geht die Bauernregel weiter?

Wenn die Drossel schreit, ist der Lenz nicht mehr …
(… weit)

Hasen, die springen, Lerchen, die singen, werden sicher den Frühling …
(… bringen)

Steigt der Saft in die Bäume, erwachen Frühlings…
(…träume)

Wenn der Frühling Wärme bringt, bis weit in den Herbst die Grille …
(… singt)

Lerchen und Rosen bringen des Frühlings …
(… Kosen)

Frühlingsregen bringt …
(… Segen)

Grasmücken, die fleißig singen, wollen uns das Frühjahr …
(… bringen)

Osterwunsch

Ich wünsche euch zum Osterfest,
dass ihr mit Freuden seht,
wie alles, weil's der Himmel will,
wahrhaftig aufersteht.
Das Dunkle weicht, das Kalte schmilzt,
erstarrte Wasser fließen
und duftend bricht die Erde auf,
um wieder neu zu sprießen.
Wir alle müssen eines Tag's
von dieser Erde geh'n.
Wir werden, wenn der Himmel will,
wie Ostern auferstehn!

Volksgut

Ach du liebes Ei!

Peter schnappte sich das kleine Weidenkörbchen und machte sich auf den Weg zur Eierfrau. Eigentlich war sie keine Eierfrau, sondern Flickschneiderin, die sich nur nebenbei mit ihren Hühnern, die sie in ihrem großen Garten hinter ihrem Haus hielt, ein paar Groschen dazuverdiente. Die Eier von Frau Hahnfeld waren etwas ganz Besonderes, immer frisch, meist ziemlich groß und hatten nie einen fischigen Beigeschmack wie manche Eier aus dem Laden. Das lag wohl an dem guten Futter, das sie ihren Hühnern gab, aber sicher auch an ihrer großen Liebe, die sie zu ihren Tieren hegte. Manche trugen sogar einen Namen und waren so zutraulich, dass sie aus der Hand pickten. Henne Schneeweiß, das Lieblingshuhn von Frau Hahnfeld, ließ sich sogar auf den Schoß nehmen, sodass man es streicheln konnte.

Peter ging gern zu Frau Hahnfeld, sie war stets sehr freundlich, hatte für jeden im Dorf ein gutes Wort und spendierte Peter stets etwas Süßes aus ihrem großen Bonbonglas, das auf ihrem Küchentisch stand. Auch heute hielt sie ihm mit einem breiten Lachen im Gesicht das verführerische Glas mit der Aufforderung unter die Nase: „Nimm dir was als Wegzehrung, damit du die Kraft hast, die Eier nach Hause zu tragen!“ Heute sollte Peter dreißig Eier holen, denn in drei Tagen war Ostern, und da wurden bekanntlich mehr Eier gebraucht als sonst. Ganz vorsichtig legte Frau Hahnfeld die Eier in den mit Stroh ausgepolsterten Korb und ermahnte Peter, ja nicht zu schnell zu laufen, damit er sie für das große Fest heil nach Hause bekäme. Peter versprach's, legte das abgezählte Geld von Mama auf den Tisch und trat frohen Mutes und genussvoll sein Bonbon von einer Backe in die andere schiebend den Heimweg an.

Der Korb war heute ziemlich schwer, und nachdem Peter ihn zuerst von einer Hand in die andere gewechselt hatte, überlegte er, ob es nicht eine gute Idee wäre, die Last auf seinen Kopf zu bugsieren, so wie es die Frauen in Afrika immer taten, um sich Erleichterung zu

verschaffen. Kurzerhand setzte er den Korb auf einem Mauersims ab, um ihn dann mit einem schwungvollen Ruck eine Etage höher auf den Kopf zu verfrachten. Der Schwung war wohl ein bisschen zu stark ausgefallen, und die Sache geriet fürchterlich in Schieflage. Händeringend versuchte Peter, die Last auf seinem Kopf in Balance zu bringen, aber das war hoffnungslos. Der Korb kippte zur Seite, rutschte Peter aus der Hand und landete kopfüber unsanft auf dem Bürgersteigpflaster. Erschrocken und versteinert sah Peter, wie unter dem Korb eine gelb-weiße Spur hervorquoll. Einige Eier waren unwiederbringlich dahin, andere gesprungen oder von einem heftigen Ditscher gekennzeichnet. Nur wenige hatten – weiß Gott wie – die Talfahrt überstanden.

Was würde Mutter bloß sagen? Zu Ostern nicht genug Eier – eine Katastrophe. Mit dem Rest der Eier, die überlebt hatten, schlich Peter bedrückt nach Hause, gefasst auf das Donnerwetter, das es sicher gleich geben würde. Mutter hatte Peter wohl von Weitem kommen sehen und an seinem hängenden Kopf und gebücktem Gang erkannt, dass ein Unglück mit den Eiern geschehen sein musste. Das erwartete Donnerwetter blieb zumindest für Peter merkwürdigerweise aus. Vielleicht wollte Mama nicht das bevorstehende Osterfest noch mehr verderben. Sie nahm dem schuldbewussten Peter den Korb mit den Überresten der Eier aus der Hand und bemerkte nur trocken: „Da müssen wir wohl Rühreier zum Osterfrühstück essen." Und die gab es dann auch am Ostermorgen, was aber gar nicht schlecht schmeckte. Den in den Osterzopf eingebackenen Eiern sah man das Abenteuer ohnehin nicht an.

Anschauungsmaterial zur sinnlichen Unterstützung:

- ein kleiner Weidenkorb mit hart gekochten Eiern, die nach dem Vorlesen auch gegessen werden können
- Bilder von Hühnergehegen und Hühnern

Gesprächsimpulse zur Geschichte:

- Hat einer der Zuhörer in seinem Leben schon einmal Hühner gehalten, und was war dabei wichtig?
- Wo haben die Zuhörer als Kinder Eier gekauft?
- Was kann man aus Eiern alles machen?
- Was kam früher zu Hause zum Osterfrühstück auf den Tisch?

Zu gut gelebt

Frau Grete hatt' ein braves Huhn,
das wusste seine Pflicht zu tun.
Es kratzte hinten, pickte vorn,
fand hier ein Würmchen, da ein Korn,
erhaschte Käfer, schnappte Fliegen
und eilte dann mit viel Vergnügen
zum stillen Nest, um hier geduldig
das zu entrichten, was es schuldig.
Fast täglich tönte sein Geschrei:
Viktoria, ein Ei, ein Ei!
Frau Grete denkt: O welch ein Segen,
doch könnt es wohl noch besser legen.
Drum reicht sie ihm, es zu verlocken,
oft extra noch die schönsten Brocken.
Dem Hühnchen war das angenehm.
Es putzt sich, macht es sich bequem,
wird wohlbeleibt, ist nicht mehr rührig
und sein Geschäft erscheint ihm schwierig.
Kaum dass ihm noch mit Drang und Zwang
mal hie und da ein Ei gelang.
Dies hat Frau Gretchen schwer bedrückt,
besonders, wenn sie weiterblickt;
denn wo kein Ei, da ist's vorbei
mit Rührei und mit Kandisei.
Ein fettes Huhn legt wenig Eier.
Ganz ähnlich geht's dem Dichter Meier,
der auch nicht viel mehr dichten kann,
seit er das große Los gewann.

Wilhelm Busch

Das Huhn und der Karpfen

Auf einer Meierei
da war einmal ein braves Huhn,
das legte, wie die Hühner tun,
an jedem Tag ein Ei
und kakelte,
mirakelte,
spektakelte,
als ob's ein Wunder sei.

Es war ein Teich dabei,
darin ein braver Karpfen saß
und stillvergnügt sein Futter fraß,
der hörte das Geschrei:
Wie's kakelte,
mirakelte,
spektakelte,
als ob's ein Wunder sei.

Da sprach der Karpfen: „Ei!
Alljährlich leg' ich 'ne Million
und rühm' mich dess' mit keinem Ton;
wenn ich um jedes Ei
so kakelte,
mirakelte,
spektakelte –
was gäb's für ein Geschrei."

Heinrich Seidel

Henne oder Ei?

Die Gelehrten und die Pfaffen
streiten sich mit viel Geschrei,
was hat Gott zuerst erschaffen –
wohl die Henne, wohl das Ei!
Wäre das so schwer zu lösen –
erstlich ward ein Ei erdacht,
doch weil noch kein Huhn gewesen –
darum hat's der Has' gebracht!

Eduard Mörike

Das Ostereierditschen

Fritz, Gernot und Dörthe standen in der Küche um den Herd herum und beobachteten, wie die Eier im kochenden Wasser vor sich hin blubberten. Noch zwei Minuten, dann waren sie endlich hart und konnten für das große Ostereierditschen bemalt werden. Mutter schmückte gerade schon den Osterfrühstückstisch in der Stube mit frisch geschnittenen Kirschzweigen aus dem Garten und stellte eine hübsche Porzellanschale für die Ditscheier bereit. Natürlich freuten sich Fritz, Gernot und Dörthe auch auf den Osterhasen, der überall im Garten und im Haus seine Eier versteckte. Aber das Ostereierditschen am Ende des Osterfrühstücks war ein ganz besonderer Spaß. Vater eröffnete meist das Spiel und versuchte, die Spitze seines Eis auf die seiner Jüngsten, die meist neben ihm saß, zu schlagen. Wessen Ei dem Stoß standhielt, durfte weiterspielen. Es ging dann reihum mit der Ditscherei, und wer am Schluss mit einem heilen Ei übrig blieb, hatte das Spiel gewonnen und bekam zur Belohnung einen leckeren Schokoladenhasen.
Das Osterfrühstück kam und näherte sich auch endlich seinem Ende und damit dem Beginn des Ostereierditschens. Fritz, der Älteste der drei Geschwister, freute sich ganz besonders auf die bevorstehende Eierschlacht. Er war ein richtiges Schlitzohr und hütete auch heute ein Geheimnis ganz spezieller Art. Statt mit einem gekochten Ei würde er nämlich mit einem bunt angemalten Gipsei, das er unter seinem Pullover verbarg und heimlich gegen sein gekochtes Ei austauschen würde, ins Rennen gehen. In Gedanken stellte er sich schon vor, wie er mit diesem Spezialei all die anderen Weicheier am Tisch austricksen und am Schluss stolz mit dem zur Belohnung ausgesetzten Schokoladenhasen von dannen ziehen würde. Dörthe würde er vielleicht ein bisschen davon abgeben, aber seinem Bruder Gernot gönnte er nicht einmal das Schwarze unter den Fingernägeln und schon gar nicht den Sieg beim Ostereierditschen. Während sich alle am Tisch gespannt fragten, welches

Ei das Eierboxen wohl überleben und den Sieg erringen würde, war sich Fritz da vollkommen sicher: Natürlich sein herrlich hartes Trickei, von dem die anderen zum Glück keine Ahnung hatten. Nun, die bunt gefärbten Eier in Mamas Schale standen für ihren großen österlichen Auftritt bereit.

Nachdem Dörthe, die Jüngste, endlich aufgegessen hatte, bewaffnete sich jedes Familienmitglied mit einem der bunten Eier aus der

Schale, und die Schlacht begann. Papas Ei schied beim ersten Ditschen mit Dörthe sofort aus, was er zähneknirschend hinnahm. Ebenso Mamas, deren Ei nach Dörthes Stoß ziemlich vermaledeit aussah. Dörthes bisher sehr standhaftes, besser stoßfestes Ei erlitt beim Duksen mit Gernots Ei einen heftigen Schaden. Und so ging es zwischen den beiden Brüdern Fritz und Gernot nun um die Wurst, nein, ums Ei. Schon prallten die beiden Kampfeier der Brüder aufeinander, blieben aber merkwürdigerweise beide heil. Fritz legte beim nächsten Ditschen noch einen Zahn zu, aber auch das führte nicht zum gewünschten Erfolg. Fritz verstand die Welt nicht mehr, sein Gipsei war doch wirklich härter als Gernots gekochtes. Als der dritte Zusammenstoß der beiden Eier nicht zu einer Entscheidung führte, sondern wieder zwei unversehrte Eier hinterließ, schöpfte Vater Verdacht und nahm die Eier seiner beiden Jungs genauer unter die Lupe und … kam dem Ganzen natürlich sofort auf die Schliche. Nicht nur Fritz hatte sein Ei präpariert, sondern auch Gernot, der seinen Bruder Fritz ebenfalls mit einem bemalten Gipsei hatte überlisten wollen.
Wie das Ganze ausging? Nun, gerecht. Fritz und Gernot wurden wegen unlauterer Mittel vom Spiel disqualifiziert und Dörthe erhielt den Schokoladenhasen und strahlte deshalb über's ganze Gesicht. Und die Moral von der Geschicht': Unterschätz deinen Gegner nicht!

Anschauungsmaterial zur sinnlichen Unterstützung:

- eine Schale mit bunt gefärbten, harten Eiern
- zwei bunte Gipseier (alternativ auch bunte Plastikeier)
- eine Vase mit blühenden Kirschzweigen

Gesprächsimpulse zur Geschichte:

- Wie haben die Zuhörer früher Ostern gefeiert? Was gehörte dazu?
- Wurde zu Hause Eierditschen gespielt (oder auch andere Eierspiele)?

Der Osterhas

Nun kommt das Osterhäslein bald
gesprungen aus dem grünen Wald,
will allen braven Kinderlein
viel Eier legen ins Nest hinein.

Was frisst das Osterhäslein gern?
Frisst wohl Rosinen und Mandelkern? –
Nein – Blümchen gelb und rot wie Blut
und grünes Gras, das schmeckt ihm gut.

Drum legt es auch ein rotes Ei,
vielleicht ein gelbes auch dabei,
und springt geschwind, husch, husch, husch,
dann wieder fort in Wald und Busch.

Komm, Osterhäslein, komm zu mir,
dein Nestlein ist schon fertig hier
von weichem Moos gar zart und fein,
leg nur manch schönes Ei hinein.

Georg Christian Dieffenbach

Die auferstandene Puppe

Anette nahm ihre Puppe aus dem Puppenwagen und setzte sie auf ihren Schoß. Die Puppe war neu, hatte blonde, schöne Haare und konnte sogar die Augen schließen. Anette hatte ihr den Namen „Hannerl" gegeben, so wie ihre alte Puppe geheißen hatte, aber das konnte nicht darüber hinwegtäuschen, dass es nicht ihre heißgeliebte alte Hannerl war. Die war nämlich seit Monaten verschwunden und trotz intensiven Suchens unauffindbar geblieben. Anette hatte ihren Bruder Gerhard im Verdacht, der nur zu gern ihre Lieblingspuppe verschleppte, um sie zu ärgern. Mama hatte Gerhard eindringlich ins Gewissen geredet, aber er hatte steif und fest beteuert, nichts mit dem Verschwinden der Puppe zu tun zu haben.
Die erste Zeit hatte Anette gar nicht ohne ihre geliebte Hannerl einschlafen können und ihre kleine Puppenfreundin so sehr vermisst, dass Oma ihr, um sie zu trösten, eine neue Puppe gekauft hatte. Aber Anette fand, dass diese kein Ersatz für ihre alte Puppe war. Die hatte nämlich noch aus der Zeit von Omas Kindheit gestammt, war aus einem weichen Stoff gearbeitet und mit Körnern gefüllt gewesen. Sie an sich zu schmiegen und nachts auf ihrem weichen Bauch einzuschlafen, hatte sich wunderbar angefühlt. Irgendwie hatte sie leicht nach Lavendel gerochen, was Anette geliebt und was ihr ein Gefühl von Geborgenheit gegeben hatte. Die neue Puppe war zugegebenermaßen sehr hübsch, aber aus hartem Material, und mit ihr zu schmusen war überhaupt kein Vergnügen. Anette glaubte immer noch, dass ihr Bruder trotz seiner Unschuldsbeteuerungen hinter dem Verschwinden der alten Hannerl steckte. Nicht dass sie ihren Bruder nicht mochte. Er konnte auch sehr lieb sein, ihr vorlesen oder Späße machen. Aber manchmal war er einfach unausstehlich und führte sich wie ein wild gewordener Rabauke auf. Er war fünf Jahre älter als Anette, und Mama meinte, er käme bald in die Pubertät, was immer das auch sein mochte. Anette seufzte und kämmte ihrer neuen Hannerl die Haare. Dann zog sie ihr ein

hübsches Puppenkleidchen an, denn morgen war Ostersonntag, und da sollte sie besonders gut aussehen.
Der Ostersonntag begann mit herrlichem Sonnenschein, und Anette und ihr Bruder sausten in den Garten, um Ostereier zu suchen, als Anette plötzlich eine merkwürdige Entdeckung machte. Auf dem noch kahlen Kartoffelbeet wuchs eine zarte grüne Saat, die, wenn man genau hinschaute, deutlich die Form einer Puppe erken-

nen ließ. Mama, die mit in den Garten gekommen war, hatte sofort eine Ahnung und nahm sich Gerhard zur Brust. Der gestand dann auch nach einem eindringlichen Verhör, dass er die Puppe dort im Herbst verbuddelt hatte. Erde, Sonne und Regen hatten die Körner im Innern der Puppe zum Keimen und Wachsen gebracht. Anette fing fürchterlich an zu heulen und war nur schwer zu beruhigen. Gerhard bekam eine Woche Stubenarrest für seine Tat und vor allem für seine Lügen, was die alte Hannerl allerdings nicht mehr zurückbrachte. Oder doch ...?

Als Anette einige Tage nach Ostern ins Bett ging, saß eine weiche, aus Stoff gearbeitete, mit Körnern gefüllte Puppe auf ihrem Kopfkissen, die himmlisch nach Lavendel roch und der alten Hannerl sehr ähnlich sah. Da konnte man doch glatt an Auferstehung glauben! Na ja, schließlich war Ostern noch nicht lange vorbei, auch wenn in diesem Fall Oma ein bisschen nachgeholfen und heimlich eine neue, weiche Hannerl für Anette genäht und auf ihr Bett gesetzt hatte.

Anschauungsmaterial zur sinnlichen Unterstützung:

- eine weiche Stoffpuppe, die mit Körnern oder anderen weichen Füllungen ausgestattet ist
- eine Puppe aus hartem Kunststoff mit schönen Haaren; ersatzweise können auch Bilder der zwei verschiedenen Puppentypen genommen werden
- eine Schale mit Rapssamen oder Kirschkernen, die als Füllung für Stoffpuppen und Teddys verwendet werden, sind zum Befühlen auch eine Möglichkeit

Gesprächsimpulse zur Geschichte:

- Womit haben die Zuhörer früher gespielt?
- Gab es Lieblingspuppen oder -spielzeuge?
- Hatten die Zuhörer Geschwister, und wie haben sie sich mit ihnen verstanden? Gab es Geschwisterrivalitäten bzw. wurde jemand in der Familie vorgezogen?
- Wie wurde zu Hause auf kindliche „Missetaten“ reagiert?

Ostern am Meer

Es war daheim auf unserm Meeresdeich.
Ich ließ den Blick am Horizonte gleiten.
Zu mir herüber scholl verheißungsreich
mit vollem Klang das Osterglockenläuten.
Wie brennend Silber funkelte das Meer.
Die Inseln schwammen auf dem hohen Spiegel,
die Möwen schossen blendend hin und her,
eintauchend in die Flut die weißen Flügel.
In tiefer Erde bis zum Deichesrand
war sammetgrün die Wiese aufgegangen.
Der Frühling zog prophetisch übers Land.
Die Lerchen jauchzten und die Knospen sprangen.
Entfesselt ist die urgewaltge Kraft.
Die Erde quillt, die jungen Säfte tropfen.
Und alles treibt und alles webt und schafft.
Des Lebens vollste Pulse hör' ich klopfen.

Theodor Storm

Das geheimnisvolle Gebildbrot

Die Glocken läuteten den Sonntag ein. Irgendwie schienen sie heute ganz besonders feierlich zu klingen, was nicht verwunderlich war, kündigten sie doch das bevorstehende Osterfest an. Obwohl Ostern dieses Jahr recht früh lag, waren in den Gärten und Parks schon überall Sprießlinge zu sehen, die es eilig hatten, noch rechtzeitig zum Auferstehungsfest aus der Erde zu kommen. Gelbe Winterlinge, weiße Schneeglöckchen und Krokusse in allen Farben versuchten, das Grau des Winters zu vertreiben, und ließen den Frühling erahnen.

Hildegard stand in der Küche und knetete den Hefeteig für die Gebildbrote, die nach der heiligen Messe der Osternacht an Freunde und Nachbarn verschenkt wurden. Sie bearbeitete den Teig mit zärtlicher Leidenschaft, und wenn man ihren verträumten Blick dabei beobachtete, konnte man leicht erraten, an wen sie dachte. Natürlich an Robert, der schon seit fast einem Jahr ihr Schatz war. Wenn sie ihn vor ihrem inneren Auge sah, wurde es ihr warm ums Herz, und die Schmetterlinge in ihrem Bauch fingen an zu tanzen.

Robert arbeitete in einer Bank, sah sehr gut aus und war immer tadellos gekleidet. Dazu konnte er gut tanzen und hatte eine Stimme, die jede Nachtigall hätte neidisch werden lassen können. Wenn er im Kirchenchor Solopartien sang, rieselte Hildegard die Gänsehaut nur so rauf und runter. Gerne hätte sich Hildegard mit Robert zum bevorstehenden Osterfest verlobt, aber Robert hatte keine Anstalten gemacht, und so blieb ihr nichts anderes übrig, als geduldig zu warten und im Augenblick all ihre Liebe in das Gebildbrot, das sie gerade für Robert formte, fließen zu lassen. Ein süßer Hase aus Teig mit extra langen Ohren war unter ihren Händen entstanden. Hildegard pinselte ihn schnell noch mit Eigelb ein, damit er eine schöne Farbe bekäme, und schob ihn mit einem Luftküsschen versehen in den Backofen.

Wenige Stunden später marschierte Hildegard hübsch herausgeputzt mit dem wunderbar duftenden Hefehasen in die Kirche. Die

Ostermesse war wie jedes Jahr feierlich, aber Hildegard wartete sehnlichst auf ihr Ende, um endlich Robert, der nicht neben ihr, sondern auf der Empore im Chor saß, in die Arme schließen und ihr schönes Gebildbrot überreichen zu können. Endlich war es so weit, und Robert kam auf sie zu. Seine Augen strahlten und irgendetwas verbarg er genau wie Hildegard hinter seinem Rücken. Vielleicht einen Verlobungsring, schoss es Hildegard hoffnungsvoll durch den Kopf. Der war es aber leider nicht. Dafür streckte Robert Hildegard einen aus Hefe gebackenen, kleinen Hasen entgegen, der dem von Hildegard ziemlich ähnlich sah. Als Hildegard dann ihren Gebildbrothasen, den sie für Robert gebacken hatte, hinter ihrem Rü-

cken hervorholte und Robert hinhielt, mussten beide herzhaft lachen. Überraschungen waren doch wirklich etwas Feines. Allerdings sollte es in diesem Punkt noch eine Steigerung geben.
Hildegard, die die lange Messe hungrig gemacht hatte, konnte es nicht abwarten und biss mit großem Appetit in Roberts Hefehasen. Der schmeckte köstlich, zart wie Butter und locker wie Luft. Das verlangte nach mehr und schon grub Hildegard ihre Zähne wieder tief in das Brötchen, um dann lauthals „Aua" zu schreien. Irgendetwas Hartes hatte sich ihren Schneidezähnen in den Weg gestellt. Was war das bloß? Es fühlte sich wie ein Stein an, der sich dann aber nach näherer Untersuchung als ein wunderschöner, goldener Verlobungsring mit einem kleinen, geschliffenen Edelstein herausstellte. Robert hatte ihn, um Hildegard zu überraschen, einfach in das Gebildbrot eingebacken. Hildegard war baff. Ihr Herz machte vor Freude einen Luftsprung und sie hörte Roberts Liebeserklärung und Heiratsversprechen wie im Traum. Aber es war kein Traum, sondern die herrlichste Osterbotschaft, die Hildegard in ihrem Leben gehört hatte. Als sie Roberts Lippen auf den ihren fühlte, empfand sie eine Lebendigkeit, die fast einer Auferstehung nahekam.

Anschauungsmaterial zur sinnlichen Unterstützung:
- ein Gebildbrot, wenn möglich in Osterhasenform
- ein Ring mit Edelstein aus dem Kaugummiautomaten oder der Spielwarenabteilung

Gesprächsimpulse zur Geschichte:
- Wurden früher bei den Zuhörern zu Ostern Gebildbrote gebacken und verschenkt?
- Was wurde sonst zu Ostern gebacken und gegessen?
- Gehörten Gottesdienstbesuche zum Osterfest?
- Gibt es österliche religiöse Lieder, die den Zuhörern noch in Erinnerung sind?
- Können sich die Zuhörer noch an ihre Verlobung oder eine erste Liebeserklärung erinnern? Wie war das?

Was mag das wohl sein?

Er hoppelt gern durch Wald und Wiese,
hat lange Schlappohr'n wie ein Riese.
Schlägt wilde Haken auf der Flucht,
vorm Jäger er das Weite sucht.
Legt bunte Eier in das Nest
zum frohen, heil'gen Osterfest.
(Osterhase)

Huhn, Ente oder Hase
steigt duftend in die Nase.
Ein jeder es sehr liebt,
wenn's dies zu Ostern gibt.
Wer kann es wohl erraten,
es ist der …
(Osterbraten)

Kommt vom Huhn und auch vom Hasen,
liegt im Nest und auf dem Rasen,
bunt bemalt sieht's herrlich aus,
schmückt so manchen Osterstrauß,
wird versteckt und auch gesucht,
süß als Hüftgold dann verbucht.
(Osterei)

Mit hübschen Kleidern ausstaffiert
man hier und da so langstolziert,
genießt das Grün in der Natur,
von Eile gibt es keine Spur.
Der Osterbraten wird verdaut,
manch' Kalorien abgebaut.
(Osterspaziergang)

Es ist das Kind von der Mama,
ist's gebor'n, schreit man „Hurra"!
Erst ganz nackig, dann hat's Wolle,
wird geschmort mit Knoblauchknolle,
dient dann so als Osterbraten,
kannst du es vielleicht erraten?
(Osterlamm)

Zwei Frauen gingen an das Grab,
wo ihr geliebter Jesu lag.
Sie weinten sehr in ihrer Not,
war ihr Freund doch drei Tage tot.
Doch finden konnten sie ihn nicht,
all' Welt von …
(… Auferstehung spricht.)

Wie lautet der zusammengesetzte Begriff?

1. Frisch und als Pulver ist sie zu kaufen,
   bei Hitze kann sie mal überlaufen.
   Im Zwetschgenkuchen ist sie sehr beliebt,
   hilft, wenn man sie in den Bienenstich gibt.
   Verwendet man sie innerlich,
   der Teint wird nicht mehr pickelig.
   (Hefe)

2. Ist aus Haaren großer Längen,
   wird geflochten aus drei Strängen;
   versehen mit hübschen bunten Bändern
   kann man sein Ausseh'n stets verändern.
   So manches Kind trug ihn am Kopf.
   Es ist der schöne alte …
   (Zopf)

   Lösungswort: Hefezopf

1. Mal sind sie braun und auch mal weiß,
   die Dicke regelt ihren Preis;
   man kann sie kochen, backen und pochieren,
   mit faulen schlechte Politik quittieren;
   sie sind der Anfang jeden Lebens,
   der Streit darum ist zwar vergebens.
   (Eier)

2. Zwei Bedeutungen hat dies Wort,
   man findet es mal hier, mal dort.
   Steht mitten auf dem Tisch,
   beherbergt meistens Obst ganz frisch;
   wird von diesem sie dann abgeschnitten,
   haben die Vitamine meist gelitten.
   (Schale)

   Lösungswort: Eierschale

1. Der Stamm ist braun, die Krone grün.
   Die Bäume nur im Süden blüh'n.
   Hat Bewuchs von großen Nüssen,
   Urlauber sich darunter küssen.
   Wächst nicht im Norden und nicht auf der Alm,
   es beginnt mit „P" und reimt sich auf Qualm.
   (Palm)

2. Drei Bedeutungen hat das Wort,
   beschreibt im Haus die Höhe dort;
   die großen Pflanzen nennt man so,
   macht jedes Gärtnerherze froh.
   Man stützt sich drauf, wenn man spaziert,
   droht einer damit, man pariert.
   (Stock)

   Lösungswort: Palmstock

Sommerfreuden

Der Sommer

Der Sommer, der Sommer,
das ist die schönste Zeit:
Wir ziehen in die Wälder
und durch die Au'n und Felder
voll Lust und Fröhlichkeit.
Der Sommer, der Sommer,
der schenkt uns Freuden viel:
Wir jagen dann und springen
nach bunten Schmetterlingen
und spielen manches Spiel.
Der Sommer, der Sommer,
der schenkt uns manchen Fund:
Erdbeeren wir uns suchen
im Schatten hoher Buchen
und laben Herz und Mund.
Der Sommer, der Sommer,
der heißt uns lustig sein:
Wir winden Blumenkränze
und halten Reigentänze
beim Abendsonnenschein.

Hoffmann von Fallersleben

Tierisches Liebesgeflüster

Als Esther erwachte, stand die Sonne schon hoch am Himmel, und sie musste sich erst ein wenig orientieren, wo sie war. Richtig, sie lag in Omas großem Bett, auf der Seite, auf der Opa früher geschlafen hatte. Opa war vor ein paar Jahren gestorben. Seitdem durfte sie, wenn sie bei Oma in den Sommerferien war, diesen Platz einnehmen. Esther fand das prima. Sie schlief nämlich nachts nicht gern allein im Gästezimmer, obwohl sie schon zehn Jahre alt war. Außerdem legte sich Oma am Abend manchmal neben sie und las ihr drollige Geschichten vor. Oder sie erzählte ihr, wie es früher auf dem Gestüt, das sie mit Opa betrieben hatte, zugegangen war. Dabei verstellte Oma öfter ihre Stimme und mimte einige kauzige Pferdekäufer nach, die sich für etwas Besseres gehalten hatten. Das war urkomisch, und Esther musste darüber oft so lachen, dass ihr der Bauch wehtat.

Leider waren die Pferde inzwischen alle längst verkauft, und auf der großen grünen Wiese hinter dem Haus graste nur noch Omas Lieblingshengst Amore, ein liebes und neugieriges Tier, das immer für eine Überraschung gut war. Oma hatte sich nicht von ihm trennen können und ließ es sich trotz ihrer 75 Jahre auch nicht nehmen, täglich mit ihm auszureiten. Esther durfte bei der Pferdepflege helfen, was sie mit Freude tat. Sie striegelte Amore sanft, bis sein Fell glänzte, und kraulte ihn zwischen den Ohren, was er besonders liebte. Natürlich bekam Amore von Esther auch knackige Äpfel oder ein paar Möhren zum Naschen, die er genüsslich zermalmte und mit freundschaftlichem Gewieher honorierte. Esther hätte zu gern ein eigenes Pferd besessen, aber ihre Eltern hatten für solche Kinkerlitzchen, wie sie es nannten, kein Geld. So musste sie sich eben mit Omas Hengst in den Sommerferien zufriedengeben. Aber das war besser als nichts.

Schnell sprang Esther aus dem Bett, schnappte sich im Vorbeigehen noch schnell einen Apfel aus Omas Obstschale und rannte barfuß

und im Nachthemd auf die Wiese hinter dem Haus, um Amore „Guten Morgen“ zu sagen. Aber die Wiese war leer. Und von Oma war auch nichts zu sehen. Wahrscheinlich machte Oma gerade ihren Morgenritt mit Amore, wozu der herrliche Sommertag geradezu einlud. Etwas enttäuscht trollte sich Esther in Omas Küche, um erst einmal zu frühstücken, als Oma plötzlich aufgeregt gestikulierend um die Ecke kam. „Hast du Amore gesehen?“, rief sie schon von Weitem. „Er ist weg!“ Omas Gesicht war vor Aufregung ganz rot geworden. Oma war selten aus der Ruhe zu bringen, aber wenn es um ihren Liebling Amore ging, verlor sie die Fassung. „Hoffentlich hat ihn niemand gestohlen“, jammerte Oma.
„Wir finden den Ausreißer schon“, versuchte Esther, Oma zu trösten, und sie schlug vor, die umliegenden Höfe mit dem Rad abzuklappern. Vielleicht hatte jemand Amore gesehen oder sonst etwas Hilfreiches beobachtet. Oma fand das eine gute Idee, vielleicht hatte sich der Frechdachs auf eine andere saftige Weide verzogen. Woanders schmeckte es ja bekanntlich immer besser.
Esther, die noch im Nachthemd dastand, schlüpfte schnell in ihre Kleider und machte sich dann per Rad mit Oma auf die Suche. Sie fuhren von Bauernhof zu Bauernhof, fragten Hinz und Kunz, aber niemand hatte Amore gesehen. Immer wieder rief Oma laut den Namen ihres Pferdes, aber kein Amore antwortete. Müde und die Hoffnung schon aufgebend schoben sie ihre Räder zu einem letzten Hof, der am Ende eines steilen Hangs lag, als Oma von Weitem ein ihr bekanntes Wiehern vernahm. War das nicht die Stimme ihres Lieblings? Esther und Oma legten aufgeregt einen Zahn zu und liefen in Richtung des lauter und deutlicher werdenden Gewiehers. „Hast du Töne?“, entfuhr es Oma. Da stand doch tatsächlich Amore seelenruhig und sich keiner Schuld bewusst auf einer fremden Koppel und leckte zärtlich eine zugegebenermaßen prächtig aussehende Pferdedame. Wo die Liebe eben so hinfällt! „Du verrückter Gaul, du verflixter Ausbüxer, du Höllenbraten, du Hurenbock!“, schimpfte Oma und legte Amore dann doch überglücklich, ihn liebevoll tät-

schelnd und zwischen die Nüstern auf den Nasenrücken küssend das Zaumzeug an. Esther hatte gar nicht gewusst, dass ihre sonst so auf Manieren bedachte Oma so viele Schimpfwörter kannte, freute sich aber diebisch über ihren Ausbruch und natürlich darüber, dass sie Amore wohlbehalten aufgefunden hatten. Ende gut, alles gut! Amore wurde für ein paar Tage im Stall gehalten, bis er seine Herzensdame vergessen hatte. Der Zaun der Weide wurde verstärkt und Oma behielt ihren liebestollen Pferdeherren streng im Auge. Aber eigentlich hatte der Hengst doch nur seinem Namen Ehre machen wollen, oder warum hatte Oma ihn sonst Amore genannt?

Anschauungsmaterial zur sinnlichen Unterstützung:

- Fotos von Pferden
- eine Striegelbürste
- eine Gerte
- ersatzweise ebenfalls Fotos
- Äpfel als Lieblingsspeise von Pferden

Gesprächsimpulse zur Geschichte:

- Hat einer der Zuhörer in der Kindheit oder später im Leben ein Pferd besessen oder mit Pferden zu tun gehabt?
- Wofür wurden früher Pferde eingesetzt?
- Wo hat man in der Kindheit seine Ferien verbracht?
- Welche Erinnerungen sind mit der Oma verbunden? Welche Rolle hat sie gespielt? (Der eine oder andere ist vielleicht sogar bei ihr aufgewachsen.)

Ferien

Hurra, hurra!
Nun sind die Ferien da!
Ade, du Schulhausbank,
nun geht es frei und frank
die schöne Welt entlang
zum fernen Meeresstrande,
zu des Gebirges Rande,
zum Onkel auf dem Lande!
Hurra, hurra!
Nun sind die Ferien da!

unbekannt

Der Schmetterling

Sie war ein Blümlein hübsch und fein,
hell aufgeblüht im Sonnenschein.
Er war ein junger Schmetterling,
der selig an der Blume hing.

Oft kam ein Bienlein mit Gebrumm
und nascht und säuselt da herum.
Oft kroch ein Käfer kribbelkrab
am hübschen Blümlein auf und ab.

Ach Gott, wie das dem Schmetterling
so schmerzlich durch die Seele ging.
Doch was am meisten ihn entsetzt,
das Allerschlimmste kam zuletzt,
ein alter Esel fraß die ganze,
von ihm so heiß geliebte Pflanze.

Wilhelm Busch

Sommerfrische

Zupf dir ein Wölkchen aus dem Wolkenweiß,
das durch den sonnigen Himmel schreitet.
Und schmücke den Hut, der dich begleitet,
mit einem grünen Reis.
Verstecke dich faul in der Fülle der Gräser,
weil's wohltut, weil's frommt.
Und bist du ein Mundharmonikabläser
und hast eine bei dir,
dann spiel, was dir kommt.
Und lass deine Melodien lenken
von dem freigegebenen Wolkengezupf.
Vergiss dich. Es soll dein Denken
nicht weiter reichen als ein Grashüpferhupf.

Joachim Ringelnatz

Die Nachtigall

Das macht, es hat die Nachtigall
die ganze Nacht gesungen;
da sind von ihrem süßen Schall,
da sind in Hall und Widerhall
die Rosen aufgesprungen.
Sie war doch sonst ein wildes Blut;
nun geht sie tief in Sinnen,
trägt in der Hand den Sommerhut
und duldet still der Sonne Glut
und weiß nicht, was beginnen.
Das macht, es hat die Nachtigall
die ganze Nacht gesungen;
da sind von ihrem süßen Schall,
da sind in Hall und Widerhall
die Rosen aufgesprungen.

Theodor Storm

Das Gewitter

Die Sonne stieg als roter Ball hinter dem Horizont hervor und ließ einen herrlichen Sommertag erwarten. Für die frühen Morgenstunden war es zwar schon recht schwül, aber der Himmel zeigte kein einziges Wölkchen. Und so entschloss sich Vater Wilhard, mit seinen vier Buben eine Wanderung zu unternehmen. Der Rucksack war schnell gepackt, eine Wanderkarte, Sonnencreme, Pflaster und Jod für alle Fälle, Wasser und natürlich Proviant, für den Mama gesorgt hatte, verschwanden im Dunkel des Rucksacks.
Mama, die mit dem Kleinsten zu Hause bleiben musste, bekam von allen noch schnell einen dicken Kuss, und dann marschierten die fünf gut gelaunt zum Dorf hinaus in Richtung Wald. Die Feldflaschen, die an jedem Gürtel baumelten, wippten im Takt der Schritte lustig auf und ab. Vater, der sehr musikalisch war, stimmte das Lied „Das Wandern ist des Müllers Lust" an, in das die Jungs mit ihren klaren Stimmen einfielen und das die ohnehin zwitschernden Vögel zu noch lauterem Geträllere anregte. Vorbei ging's an Wiesen, auf denen schwarz-weiße Kühe weideten, an Feldern, an deren Rändern roter Mohn und blaue Kornblumen leuchteten, und an kleinen sprudelnden Bächen, deren Wasser so klar war, dass man auf den Grund sehen und sogar Fische entdecken konnte. Das Wandern machte Spaß, und die Zeit verging wie im Fluge.
Obwohl der Tag klar begonnen hatte, wurden die Temperaturen gegen Mittag immer heißer, und ehe sich die tapferen Wanderer versahen, ließ sich in der Ferne ein leises Grummeln vernehmen. Wilhard schaute besorgt zum Himmel, an dem überraschend schnell dicke, schwarze Wolken aufzogen.
„Das wird doch wohl kein Gewitter werden", bemerkte er etwas beunruhigt.
Sie waren mitten im tiefen Wald, und Regenzeug hatten sie dummerweise auch nicht mitgenommen. Wilhard warf prüfend einen Blick auf die Wanderkarte und versuchte, auf ihr die nächstliegende

Schutzhütte auszumachen. Unterdessen wurden die schwarzen Ungetüme am Himmel immer mächtiger und erste dicke Regentropfen verhießen nichts Gutes. Das ferne Gegrummel war inzwischen auch deutlicher geworden und steigerte sich bald zu lautem Krachen. Helle Blitze zuckten in der Ferne und sausten wie Leuchtraketen rasant zu Boden. Phillip, der Jüngste, bekam es mit der Angst zu tun und fing an zu weinen. Papa nahm ihn fest bei der Hand und tröstete ihn. Bis zur nächsten Schutzhütte waren es höchstens 300 Meter. Wenn sie einen Zahn zulegten, könnten sie diese noch rechtzeitig erreichen, bevor der Himmel seine Schleusen öffnete und ihnen Blitze und Donner um die Ohren flogen. Eilig wies Vater Wilhard den Jungs den Weg, während das Gewitter immer näher rückte und das Theater am Himmel bedrohliche Formen annahm. Gott sei Dank tauchte endlich die ersehnte Schutzhütte auf, und nach noch ein paar eiligen Schritten konnten alle erleichtert aufatmen. Sollte sich jetzt doch der Himmel ruhig austoben. Wilhard und seine Jungs waren in Sicherheit und würden während des Spektakels eine ordentliche Brotzeit halten und all die leckeren und verführerisch riechenden Sachen von Mama verspeisen. Dick belegte Wurstbrote, rotbäckige Äpfel, hart gekochte Eier, Tomaten, Gurken und sogar ein Marmorkuchen kamen aus dem Rucksack zum Vorschein. Kaum hatte Wilhard all die Herrlichkeiten vor seinen Kindern ausgebreitet, eilte schnellen Schrittes eine andere Familie herbei, die sich ebenfalls vor dem Gewitter in Sicherheit bringen wollte. Aber dabei blieb es nicht. In kürzester Zeit tauchten noch fünf weitere Wanderer auf, die in der inzwischen schon recht überbevölkerten Schutzhütte Zuflucht suchten. Nun, wie jeder weiß, ist bekanntlich Raum in der kleinsten Hütte, und so rückten alle einfach ein wenig enger zusammen und fingen an, ihre Proviantschätze zu teilen. Schon bald war eine fröhliche Unterhaltung im Gange, bei der so mancher Witz und reichlich ausgeschmücktes Wanderlatein zum Besten gegeben wurden. Ausgelassenes Gelächter schallte immer wieder aus der Schutzhütte in den Wald hinein, sodass die Vögel sich schon wunderten.

Das Beisammensein fanden alle so gemütlich, dass niemand bemerkte, dass sich das Gewitter schon längst verzogen hatte.

Anschauungsmaterial zur sinnlichen Unterstützung:
- Wanderschuhe
- Wanderkarte
- ein kleiner Wanderrucksack
- Feldflasche
- Marmorkuchen (der später gegessen werden kann)

Gesprächsimpulse zur Geschichte:
- Sind die Zuhörer früher gewandert?
- Hat jemand eine Anekdote davon zu erzählen?
- Gibt es Erinnerungen an Gewitter?
- Wurden diese angstvoll oder als spannende Naturspektakel erlebt?

Gewitter

Großmutter Natur im Lehnstuhl sitzt –
wie langeweilig ist es heute,
sie gähnt, ganz unerträglich sind sie heute,
die sonst so lustigen Leute:
Die Bäume brummen so geistlos und fad,
die Bächlein schwatzen so weise,
der Wind ist erkältet und stark verschnupft –
die Großmutter lächelt leise.

Das Lächeln flackert als rotes Licht
am Himmelsrande empor –
dem Winde fällt etwas Lustiges ein,
er sagt es den Bäumen ins Ohr,
die Bäume nicken verständnisvoll,
erzählen dem Bächlein es weiter,
das Bächlein prustet laut lachend los –
die Großmama wird jetzt heiter.

Großmutter ein uraltes Witzchen erzählt –
ein Blitzschlag fährt herunter!
Großmütterchen kichert – der Donner rollt!
Die Tafelrunde wird munter –
es tosen die Bäume, der Bach wird berauscht,
der Wind ist vollkommen bezecht,
Großmütterchen witzelt und kichert wie toll –
so ist ihr die Tischstimmung recht.

Hermann Löns

Guter Rat

An einem Sommermorgen,
da nimm den Wanderstab,
es fallen deine Sorgen
wie Nebel von dir ab.
Des Himmels heitere Bläue
lacht dir ins Herz hinein
und schließt, wie Gottes Treue,
mit seinem Dach dich ein.
Rings Blüten nur und Triebe
und Halme von Segen schwer,
dir ist, als zöge die Liebe
des Weges nebenher.
So heimisch alles klinget
als wie im Vaterhaus,
und über die Lerchen schwinget
die Seele sich hinaus.

Theodor Fontane

Libellentanz

Wir Libellen
hüpfen in die Kreuz und Quer,
auf den Quellen
und den Bächen hin und her.
Schwirrend schweben
wir dahin im Sonnenglanz:
Unser Leben
ist ein einz'ger Reigentanz.
Wir ernähren
uns am Strahl des Sonnenlichts
und begehren,
wünschen, hoffen weiter nichts.
Mit dem Morgen
traten wir ins Leben ein;
ohne Sorgen
schlafen wir am Abend ein.
Heute flirren
wir in Freud' und Sonnenglanz;
morgen schwirren
andre hier im Reigentanz.

Hoffmann von Fallersleben

Nach dem Regen

Die Vögel zwitschern, die Mücken,
sie tanzen im Sonnenschein,
tiefgrüne feuchte Reben
gucken ins Fenster herein.

Die Tauben gurren und kosen
dort auf dem niedern Dach,
im Garten jagen spielend
die Buben den Mädeln nach.

Es knistert in den Büschen,
es zieht durch die helle Luft
das Klingen fallender Tropfen,
der Sommerregenduft.

Ada Christen

Regen, Regen!

Regen, Regen,
Himmelssegen!
Bring' uns Kühle, lösch' den Staub
und erquicke Halm und Laub!

Regen, Regen,
Himmelssegen!
Labe meine Blümelein,
lass sie blüh'n im Sonnenschein!

Regen, Regen,
Himmelssegen!
Nimm dich auch des Bächleins an,
dass es wieder rauschen kann!

Hoffmann von Fallersleben

Rache ist Blutwurst

Fritz hatte die ganze Nacht vor Aufregung kaum ein Auge zugetan. Heute würde er zum ersten Mal in seinem Leben mit Oma und Opa in den Zoo gehen. Die Großeltern, bei denen Fritz dieses Jahr seine Sommerferien verbrachte, wohnten in Berlin, und da gab es neben vielen anderen spannenden Sachen auch den viel gepriesenen besagten Zoo. Löwen, Bären, Giraffen, Elefanten und natürlich auch Affen sollte man dort bestaunen können. Fritz kannte diese Tiere zwar schon aus Büchern, und Opa hatte ihm einiges über ihre Heimat und Lebensweise erzählt, aber ein wildes Tier in Natura zu betrachten, war doch etwas ganz anderes.

Bis Oma und Opa endlich angezogen waren, kam Fritz wie eine Ewigkeit vor. Opa hatte seine Schirmmütze verlegt, ohne die er aber im Sommer wegen seiner wenigen Haare nie aus dem Haus ging. Nachdem sie wieder aufgetaucht war, ging es dann endlich mit der S-Bahn in Richtung Zoo. Kaum dort angekommen, stand das nächste Problem vor der Tür. An der Kasse gab es eine schier unendliche Schlange; nun, irgendwann war auch das überstanden, und im stolzen Besitz von Eintrittskarten konnte das Abenteuer Zoo beginnen.

Zuerst bestaunte Fritz die niedlichen Waschbären, die flink und geschickt zwischen ihren kleinen Pfötchen Fleisch- und Obstbröckchen wuschen, bevor sie diese in ihren Mäulchen verschwinden ließen. Die großen Elefanten in einem der nächsten Gehege flößten Fritz mächtig Respekt ein, so groß hatte er sich diese Dickhäuter gar nicht vorgestellt; selbst ein Jungtier überragte ihn schon um einiges. Auf die Giraffen war Fritz neidisch, so lange Hälse wie sie hätte er auch gern gehabt, dann könnte er sich ohne Schwierigkeiten die Bonbons aus Omas oberem Fach im Küchenschrank mopsen. Über die Zebras musste Fritz lachen. Er fand, dass sie mit ihren Streifen wie tierische Sträflinge aussahen. Vielleicht war das sogar passend, denn als Gefangene lebten die Tiere ja im Zoo.

Was im Zoo alles so auf der Erde kreuchte und fleuchte, war wirklich zum Staunen, aber das Beste war das Affengehege. Diese verrückten Viecher präsentierten sich als die besten Akrobaten und machten sich zudem buchstäblich in einer Tour zum Affen. Irgendwie wirkten sie auf Fritz fast wie Menschen, was ihn amüsierte. Sie schienen sich um die besten Leckerbissen wie er mit den Geschwistern zu zanken, spielten Fangen und Verstecken und machten auch mal unanständige Sachen. Einer der Affen war besonders dreist. Beharrlich und unter lautem Geschrei streckte er seinen Arm durch den Maschenzaun und hielt seine Pfote bettelnd dem Zoobesucher vor die Nase. Opa hatte Erdnüsse dabei und legte dem Affen eine in die Klaue. Zufrieden knackte und verspeiste er sie, um dann das Spiel von Neuem beginnen zu lassen: Arm rausstrecken, Hand aufhalten, laut schreien und ein Gesicht zum Erbarmen aufsetzen. Das hätte sich Fritz mal erlauben sollen, dann hätte er sich sicher über kurz oder lang eine Ohrfeige eingehandelt.

Opa machte das Spiel des Affen zur Belustigung aller eine Weile mit, hatte dann aber genug davon, wofür der Affe wenig Verständnis zeigte. Aufdringlich und fordernd streckte er erneut den Arm aus dem Käfig und schrie so energisch, dass Fritz sich die Ohren zuhielt. Opa ließ sich von dem Theater des Affen aber keineswegs beeindrucken und rückte keine einzige Nuss mehr heraus. „Sei still, du Nimmersatt“, rief er dem Affen zu. Auf diese pädagogische Zurechtweisung zog der Affe zwar für einen Moment resigniert den Arm zurück, aber nur, um ihn dann ebenso flink wieder herausschnellen zu lassen. Ehe Opa auch nur im Ansatz hätte reagieren können, hatte der Affe ihm die Mütze vom Kopf gerissen und war mit ihr unter äffischem Gelächter im hinteren Teil des Geheges verschwunden. Opa stand da wie vom Donner gerührt und begriff erst langsam, dass seine Mütze wohl auf Nimmerwiedersehen verloren war und er den Rest des Zoobesuchs ohne sie auskommen musste.

Oma gab auf den Schreck erst mal für alle ein Eis aus, das kühlte zwar nicht Opas Kopf, aber die aufgeregten Gemüter. Fritz hatte das ganze Spektakel mit dem Affen als ziemlich lustig empfunden, aber ein Blick in das ein wenig angesäuerte Gesicht seines Opas ließ ihn das lieber für sich behalten.

Anschauungsmaterial zur sinnlichen Unterstützung:
- Fotos von Tieren, die in einem Zoo leben (auch ein Bild von einem Affengehege)
- eine Banane und Erdnüsse (Futter, das Affen gerne essen)

Gesprächsimpulse zur Geschichte:
- Sind die Zuhörer früher gerne in den Zoo gegangen?
- Welche Tiere mochten sie dort besonders gerne?
- Was gefällt so besonders an Affen?

Die Ameisen

In Hamburg lebten zwei Ameisen,
die wollten nach Australien reisen.
Bei Altona auf der Chaussee
da taten ihnen die Beine weh,
und da verzichteten sie weise
dann auf den letzten Rest der Reise.
So will man oft und kann doch nicht
und leistet dann recht gern Verzicht.

Joachim Ringelnatz

Die Bergmannskuh

Wenn ich eine Ziege seh',
muss ich an zu Hause denken.
Höre ich das traute Mäh,
kann ich mich zurückversenken
in die Zeit der bloßen Füße.
Vor mir seh' ich Hof und Feld.
Tiere bringen ihre Grüße
aus der bunten Kinderwelt.

Wenn ich eine Ziege seh',
denk ich an zerrissne Hosen,
und zum Dank für jedes Mäh
möcht ich ihr den Bart liebkosen.
Friedlich grast die Bergmannskuh
unter Silberbirkenstämmchen.
Gab uns Milch und noch dazu
um die Osterzeit ein Lämmchen.

Die Kaninchen, Täubchen, Entchen,
Stare, Spatzen, Groß und Klein,
bringen mir ein lustig Ständchen,
selbst der Kater stimmt mit ein.
Lieblich klingt das weiche Mäh,
Heimatklänge mich umschmeicheln.
Wenn ich eine Ziege seh',
muss ich hingehn – und sie streicheln.

Fred Endrikat

Schwein gehabt!

Helene lief heute mit einem Gefühl von Vorfreude durchs Haus, das sich in einem leisen Kribbeln des sonst eher ständig knurrenden Magens äußerte. Die Zeiten waren schlecht, und es gab wenig zu beißen. Aber es war Sommer, was manches leichter machte, und Helene war mit ihren zehn Jahren in einem Alter, in dem man das Hoffen noch nicht verlernt hat. Außerdem war ihr Vater gestern von der Front auf einen Genesungsurlaub nach Hause gekommen, was heute mit einem Festmahl gefeiert werden sollte. Obwohl es streng verboten war, hatten ihre Mutter und ihr Großvater heimlich in einem unterirdischen Kellergewölbe ein kleines Ferkel gemästet. Es war bei einem der Bombenangriffe herrenlos geworden, und der Himmel hatte es ihnen auf wundersame Weise in den Garten getrieben. Besonders fett war es zwar immer noch nicht, aber für einige leckere Würste, Koteletts, Speck und einen guten Braten würde es reichen; Köstlichkeiten, die sie seit Ewigkeiten nicht mehr zu Gesicht, besser, in den Magen bekommen hatten. Helene tat zwar das süße Schwein leid, aber Tiere waren schließlich zum Essen da, und eh sie alle verhungerten, musste das Schwein eben dran glauben.

Während Opa und ihr Vater im Keller mit dem Schwein zugange waren, half Helene ihrer Mutter, das Gemüse aus ihrem Garten für das abendliche Mahl zu putzen. Auf dem Tisch stand dafür bereits verheißungsvoll eine Flasche selbst gemachter Beerenschnaps. Für dessen Herstellung hatte Helene in stundenlanger, mühevoller Kleinarbeit Beeren sammeln müssen, die dann von ihrer Mutter zusammen mit Alkohol, Zimt, Zucker und Nelken in ausgekochte Flaschen gefüllt und fest verschlossen worden waren. Nach guten zwei Wochen an einem warmen und dunklen Ort hatte Mutter aus dem Ansatz jenen Schnaps gezaubert, der jetzt rot in der Flasche auf dem Tisch glänzte. Opa liebte dieses selbst gemachte Gesöff ganz besonders, und Helene würde sicher daran nippen dürfen. Mit ihren zehn Jahren fühlte sie sich schließlich schon recht erwachsen.

Während Helene mit ihrer Mutter gerade die Bohnen schnipselte, klopfte plötzlich jemand laut an ihre Haustüre. Mutter wurde vor Schreck ganz bleich. Wer konnte das sein? Hatte sie etwa jemand wegen des Schweins verpfiffen? Vor der Tür stand der Blockwart, der sich, ohne lange zu fackeln, Einlass verschaffte und sich neugierig in der Küche umschaute.

„Versteckt ihr hier ein Schwein?“, fragte er in harschem Ton, ohne sich mit irgendwelchen Höflichkeiten aufzuhalten.

Mutter verneinte dies natürlich sofort mit unschuldiger Miene und hoffte, dass der Blockwart ihr bis zum Hals schlagendes Herz nicht bemerkte. Der Blockwart hatte inzwischen die Flasche auf dem Tisch entdeckt, die sogleich seine Begierde weckte. Mutter reagierte sofort und bot dem Blockwart geflissentlich ein Gläschen zum Kosten an. Mit einem kräftigen Zug ließ der Blockwart die rote Flüssigkeit in seinen Schlund fließen. Es schien ihm vorzüglich zu schmecken, und so füllte Mutter ihm aufmunternd ein zweites Glas ein, dem bald ein drittes, viertes und fünftes folgte, bis der Blockwart so beschwipst war, dass er vergaß, das Haus nach dem Schwein zu durchsuchen. Gut gelaunt trollte er sich nach einer guten Stunde von dannen und drückte Helene obendrein sogar noch ein Bonbon in die Hand.

Helenes Mutter war schweißgebadet und ließ sich erschöpft, aber erleichtert auf einen Stuhl fallen. Zum Glück waren Opa und Vater nicht in der Küche aufgetaucht und das Schwein hatte – wahrscheinlich weil es dazu nicht mehr in der Lage war – keinen einzigen verdächtigen Quiekser von sich gegeben.

„Da haben wir aber noch einmal Schwein gehabt“, bemerkte Helenes Mutter trocken. Das Schwein allerdings hatte weniger Glück, es landete gemeinsam mit den Bohnen in Form von Koteletts auf den mit Heißhunger erwarteten Tellern.

Anschauungsmaterial zur sinnlichen Unterstützung:

- Fotos von Schweinen
- eine kleine Leberwurst oder ein anderes Produkt vom Schwein
- grüne Bohnen

Gesprächsimpulse zur Geschichte:

- Können sich die Zuhörer an Hausschlachtungen erinnern?
- Wurde zu Hause Kleinvieh gehalten?
- Wie hat man im und nach dem Krieg überlebt, wo Lebensmittel organisiert, legal oder illegal?
- Hatten die Zuhörer einen eigenen Garten? Was wurde darin angebaut?
- Haben die Zuhörer eigenen Schnaps hergestellt?

Im Garten

Wenn wir im Garten spazieren gehn,
da gibt's zu hören gar viel und zu sehn,
da hören wir die Hummeln brummen
und hören die lieben Bienen summen,
und sehen, wie sie eilig wandern
von einer Blume zu der andern,
und wie sie sich holen den schönsten Raub,
den Blütenwein und Blumenstaub.
Gott mög' euch fleißigen Bienen verleihn
stets milde Luft und Sonnenschein
und Blümelein von den schönsten Arten
auf allen euren Wanderfahrten!

Hoffmann von Fallersleben

Was mag das wohl sein?

Wenn die Sonn' vom Himmel brennt,
jeder in den Schatten rennt,
der Eismann um die Ecke biegt,
weil jeder jetzt das Kalte liebt,
Kinder gern mit Wasser spritzen
oder in der Wanne sitzen,
wenn alles in der Hitze liegt.
Sag, wer sich die Ehre gibt.
(Sommer)

Auf und ab und hoch und runter
wird's geschlagen, frisch und munter,
Kinder lieben dieses Spiel.
Viele schaffen ist das Ziel.
(Seilspringen)

Im Urlaub liegt man gern am Strand,
erholt sich dort im warmen Sand,
recht übel nimmt das oft die Haut,
die so viel Sonne nicht verdaut.
Hätte man Sonnencrem' genommen,
wär' man dem Ganzen wohl entkommen.
(Sonnenbrand)

Kühlt die Zunge und den Bauch,
jedes Kind freut sich darauf,
schmeckt besonders in der Waffeltüte,
vor der Sonne man es tunlichst hüte.
(Eis)

Sind die Sonnenstrahlen grell,
hilft das Ding ganz sicher schnell,
und auch ein böses, blaues Veilchen
versteckt man hinter diesem Teilchen.
(Sonnenbrille)

Vielen schmeckt sie richtig gut,
ihre Farbe ist wie Blut,
wächst im tiefen Wald und Garten,
kannst du die Frucht wohl jetzt erraten?
(Erdbeeren)

Im Schwimmbad braucht's ein jeder Mann,
am Meer man's auch mal ohne kann,
sie deckt die edlen Teile ab,
ohne sie wär' man splitternackt.
(Badehose)

Im Sommer kann's schlimm plagen,
oft kommt's an schwülen Tagen,
es juckt und juckt ganz fürchterlich,
es ist der blöde …
(Mückenstich)

Strahlt vom Himmel stark die Sonne,
trägt man ihn mit großer Wonne,
auf dem Kopf von einer Dame
gibt es Blicke ganz infame.
(Sonnenhut)

Wie lautet der zusammengesetzte Begriff?

1. Kisten und Kasten sind dort gestapelt,
   braucht auch das Rad, damit's nicht hakelt,
   politische Richtungen man so nennt,
   jetzt man sogleich das Lösungswort erkennt.
   (Lager)

2. Mal rot, mal gelb, mal blau,
   im Herd hat's jede Frau,
   ist heiß und knistert heftig,
   beim Brand qualmt es auch kräftig.
   Mit 'nem Zündholz wird's entfacht,
   bis es in dem Holzscheit kracht.
   (Feuer)

   Lösungswort: Lagerfeuer

1. Im Körper ist es ein Gelenk,
   im Rohr man es als Biegung denk',
   versohlt der Vater seinen Sohn,
   er legt darüber ihn dann wohl.
   (Knie)

2. Sie sind aus warmer Wolle meist gestrickt,
   damit man keine kalten Füße kriegt,
   wärmen auch das Frauenbein,
   wenn sie rutschen, ist's gemein.
   (Strümpfe)

   Lösungswort: Kniestrümpfe

1. Ist's im Winter auf der Straße,
   fällt so mancher auf die Nase.
   Ist's im Sommer auf der Tüte,
   bringt es dir ein wenig Kühle.
   (Eis)

2. So mancher Herr braust gern mit 'rum.
   Wenn es dann kracht, schaut er sehr dumm.
   Am Himmel kann man ihn auch seh'n.
   Kannst du das Rätsel jetzt versteh'n?
   (Wagen)

   Lösungswort: Eiswagen

1. Liegt am Meer, so weit das Auge sieht,
   manch' Kind gern darin mit Schippchen spielt,
   gibt es in der Wüste zuhauf,
   in der Eieruhr braucht man's auch.
   (Sand)

2. Sie besteht aus ganz dicken Mauern,
   in den Kellern ist es zum Schauern.
   Sie thront meist auf dem Berge oben,
   manch' Kriege hörte man darum toben.
   Ritter gingen mit langen Speeren vor
   und gaben erst Ruh', bis einer verlor.
   (Burg)

   Lösungswort: Sandburg

1. Weißer Sand, so weit man sieht,
   mancher auf dem Handtuch liegt,
   erfreut sich sehr am Wellenrauschen,
   wie sie sich hoch und höher bauschen,
   schöne Muscheln kann man dort suchen,
   das ist bestimmt nicht unter Buchen.
   (Strand)

2. Aus Weide geflochten ist meist das Ding,
   den Einkauf man damit nach Hause bring',
   beherbergt öfter auch das Brot,
   das Baby schläft darin zur Not.
   (Korb)

Lösungswort: Strandkorb

Wie geht die Bauernregel weiter?

Fällt im Juni Regen in den Roggen, so bleibt der Weizen auch …
(… nicht trocken)

Augustsonne, die in der Frühe brennt, nimmt kein …
(… gutes End)

Bleibt der Juni kühl, wird dem Bauern …
(… schwül)

Dem August sind Donner nicht Schande, sie nutzen Luft und dem …
(… Lande)

Der Sommer ernährt, der Winter …
(… verzehrt)

Der Sommer ist ein derber Bauer, er macht den Weibern die Milch gern …
(… sauer)

Ein Regen im August ist für den Wald Erquickungs…
(…lust)

Hagelt's im Juli und August, ist's aus mit des Bauern Freud und …
(… Lust)

Regnet's im Sommer kaum, bleiben die Äpfel nicht am …
(… Baum)

Im Juli will der Bauer lieber schwitzen als untätig hinterm …
(… Ofen sitzen)

Herbsttöne

Der Herbst steht auf der Leiter

Der Herbst steht auf der Leiter
Und malt die Blätter an,
Ein lustiger Waldarbeiter,
Ein froher Malersmann.

Er kleckst und pinselt fleißig
Auf jedes Blattgewächs,
Und kommt ein frecher Zeisig,
Schwupp, kriegt der auch nen Klecks.

Die Tanne spricht zum Herbste:
Das ist ja fürchterlich,
Die andern Bäume färbste,
Was färbste nicht mal mich?

Die Blätter flattern munter
Und finden sich so schön.
Sie werden immer bunter.
Am Ende falln sie runter.

Peter Hacks

Der Herbst

Ich bin, das läßt sich nicht bestreiten,
Die herbste aller Jahreszeiten:
Raue Winde, scharf wie Säbel,
Welke Wälder, graue Nebel.
Die Vögel klagen leise, leise
Und gehen auf die Winterreise.
Dann lischt die Sommersonne aus.
Holt eure Gummischuhe raus!

Mascha Kaléko

Der Wind

In allem Frieden
schlief abgeschieden,
hinter einer Hecke,
der Wind.
Da hat ihn die Spitzmaus,
wie Spitzmäuse sind,
ins Ohr gezwickt.
Der Wind erschrickt,
springt auf die Hecke
fuchsteufelswild,
brüllt,
packt einen Raben beim Kragen,
rast querfeldein ins Dorf hinein,
schüttelt einen Birnbaum beim Schopf,
reißt den Leuten den Hut vom Kopf,
schlägt die Wetterfahne herum,
wirft eine Holzhütte um, wirbelt den Staub in die Höhe:
Wehe, der Wind ist los!
Aber wo ist die Spitzmaus?
In ihrem Kellerhaus,
dreht sie die Daumen im Schoß,
zufrieden und faul
und grinst, mit ihrem frechen Maul!

Josef Guggenmos

Die verlorene Silberkette

Trude stand in ihrem Badezimmer und zog die Stirn kraus. Ein untrügliches Zeichen dafür, dass sie über etwas angestrengt nachdachte. Seit Wochen suchte sie ihre Silberkette, an der eine kleine, glitzernde Jungfrau, ihr Sternzeichen, baumelte. Normalerweise legte sie ihre Kette, bevor sie schlafen ging, in eine kleine Porzellanschale, die auf dem Badfensterbrett stand. Aber die war leer. Nicht dass die Kette von besonderem materiellen Wert gewesen wäre, aber Kurt, ihr Mann, hatte sie ihr geschenkt, als er ihr zum ersten Mal seine Liebe gestanden hatte. In ihrer Erinnerung hörte sie noch deutlich seine Worte: „Für meine geliebte, süße Jungfrau!“ Seitdem trug Trude sie wie einen Talisman um ihren Hals und konnte es nicht recht verwinden, dass sie die Kette verloren hatte. Jeden Winkel ihrer Wohnung, alle nur denkbaren Plätze hatte sie wieder und wieder abgesucht, aber die Kette war wie vom Erdboden verschluckt.

Um das Gedankenkarussell zu beenden und sich abzulenken, band sich Trude ein Tuch um den Kopf, zog ihre alten Treter an und ging hinaus in ihren Garten. Der kalte Herbstwind blies ihr erfrischend ins Gesicht und machte den Kopf frei. Höchste Zeit, die Blätter abzuharken, die wie ein bunt gewebter Teppich Beete und Rasen bedeckten. Die Bäume waren schon fast kahl, und hier und da wurden verlassene Kinderstuben der Vögel sichtbar. Trude bewaffnete sich mit einer Harke und machte sich an die Arbeit.

Bald türmten sich in regelmäßigen Abständen große Blätterhaufen auf dem Rasen, die nach einer Fahrt in der Schubkarre auf dem Kompost landeten. Während Trude so vor sich hin arbeitete und leise „Bunt sind schon die Wälder“ summte, fegte plötzlich eine heftige Windböe durch den Garten und, ehe sich Trude versah, klatschte ein leeres Vogelnest direkt vor ihren Füßen auf die Erde. Vor Schreck war Trude fast die Harke aus der Hand gefallen. Gott sei Dank war das Ding nicht auf ihrem Kopf gelandet.

Und dann geschah das Wunder. Als Trude das Nest näher inspizierte, blitzte ihr etwas Silbernes entgegen, und das war doch tatsächlich – sie konnte es erst gar nicht glauben – ihre Kette mit dem Jungfrauenanhänger. Das Nest stammte wohl von einer Elster, die Trudes Kette vom Badfensterbrett geklaut haben musste, als das Fenster einmal offen gestanden hatte. Trude durchströmte über ihren Fund ein tiefes Glück, und sie dankte dem Himmel, dass sie ihren geliebten Talisman wiederhatte. Manchmal schenkte das Leben einem genau in dem Augenblick etwas zurück, in dem man es für endgültig verloren glaubte und die Suche nach ihm aufgegeben hatte.

Anschauungsmaterial zur sinnlichen Unterstützung:

- eine Silberkette, wenn möglich mit Jungfrauenanhänger
- ein leeres Vogelnest
- Foto von einer Elster

Gesprächsimpulse zur Geschichte:

- Welche Arbeiten fallen im Herbst im Garten an?
- Was sagt man im Volksmund über Elstern?
- Welche Andenken an eine große Liebe besitzen die Zuhörer (Ehering, Liebesbrief, gepresste Blume etc.)?
- Welchem Sternbild gehören die Zuhörer an? Welche Charaktereigenschaften ordnet man diesem zu?

Im Herbst

Der schöne Sommer ging von hinnen,
der Herbst, der reiche, zog ins Land.
Nun weben all die guten Spinnen
so manches feine Festgewand.

Sie weben zu des Tages Feier
mit kunstgeübtem Hinterbein
ganz allerliebste Elfenschleier
als Schmuck für Wiese, Flur und Hain.

Ja, tausend Silberfäden geben
dem Winde sie zum leichten Spiel,
die ziehen sanft dahin und schweben
ans unbewusst bestimmte Ziel.

Sie ziehen in das Wunderländchen,
wo Liebe scheu im Anbeginn,
und leis verknüpft ein zartes Bändchen
den Schäfer mit der Schäferin.

Wilhelm Busch

Die Schwalben

Die Schwalben halten zwitschernd
hoch auf dem Turme Rat;
die Ält'ste spricht bedenklich:
„Der Herbst hat sich genaht."

Schon färben sich die Blätter,
die Felder werden leer;
bald tanzt kein einzig Mücklein
im Strahl der Sonne mehr.

„Seid ihr zur Reise fertig?"
Die Alten zwitschern: „Ja!"
Die Jungen fragen lustig:
„Wohin?" – „Nach Afrika!"

Nun schwirrt es durch die Lüfte,
verlassen ist das Nest;
doch alle hält die Liebe
an ihrer Heimat fest.

Wohl ist's viel Hundert Meilen
von hier bis Afrika;
doch kommt der Sommer wieder,
sind auch die Schwalben da.

Julius Sturm

Der vergessene Regenschirm

Es regnete so heftig, dass sich die Gehwege in kleine Bäche verwandelten und die Gullys Mühe hatten, das Wasser zu fassen. Dazu wehte ein scharfer Herbstwind, der Brigitte durch Mark und Bein ging. Sie war auf dem Weg zur Arbeit und bemühte sich, ihren Schirm so schützend wie möglich über sich zu halten, was wegen der Stärke des Windes ein regelrechtes Kunststück war. Der Regen peitschte unangenehm gegen ihre Beine und platschte auf ihre neuen, hochhackigen Schuhe. Außerdem zerzauste der Wind ihre am Morgen mühevoll hergerichtete Hochfrisur. Brigitte arbeitete als Sekretärin bei einem renommierten Steuerberater, der auf tadelloses Äußeres großen Wert legte. Nun, der hatte bei einem solchen Mistwetter sicher keine Probleme, fuhr er doch jeden Morgen in einer vornehmen Limousine ins Büro und musste sich nicht wie sie mit Wind und Wetter rumschlagen. Zum Glück tauchte in der Ferne Brigittes Straßenbahnlinie auf und Brigitte beschleunigte ihre Schritte, um sie noch rechtzeitig zu erreichen. Die Bahn war wie immer voll, aber da einige Fahrgäste ausstiegen, konnte Brigitte einen Sitzplatz ergattern, auf den sie sich erschöpft fallen ließ. Ihren Schirm klemmte sie vorsichtig in die Ecke ihres Sitzes, wo er sogleich ein Rinnsal hinterließ. Zum Glück funktionierte die Heizung in der Straßenbahn, was selten genug vorkam, und Brigittes Schuhe und Seidenstrümpfe fingen an, etwas zu trocknen.

Hatte da nicht der Schaffner Ringstraße gerufen? Den Namen der Haltestelle, an der Brigitte aussteigen musste? So war es. Brigitte fuhr vom Sitz hoch und kämpfte sich eilig zur Tür. Sie musste wohl wegen der Wärme und des rhythmischen Geratters der Straßenbahn für einen Moment eingenickt gewesen sein. Kaum, dass sie aus der Straßenbahn herausgesprungen war, ging auch schon die Tür hinter ihr zu und die Bahn nahm wieder Fahrt auf.

„Verdammt noch mal", entfuhr es Brigitte. Sie hatte das Gefühl, unter der Dusche zu stehen, so sehr schüttete der Regen auf sie herab.

Ihr Schirm, ja wo war der eigentlich? In ihrem Schreck hatte sie ihn in der Bahn vergessen. Und während der jetzt warm und trocken spazieren fuhr, stand sie im Regen und verwandelte sich langsam in eine Vogelscheuche. Während Brigitte noch angestrengt nach einer Unterstellmöglichkeit Ausschau hielt, tauchte plötzlich ein großes, schwarzes Etwas über ihr auf, und ein freundliches „Darf ich Sie unter meinen Schirm nehmen?“ drang an Brigittes Ohr. Ein großer, gut aussehender Herr in einem schicken Trenchcoat hielt lächelnd einen Herrenschirm über sie und bot ihr an, nachdem sie ihm ihr Missgeschick erzählt hatte, sie zu ihrer Arbeitsstelle zu begleiten. Brigitte war das zwar etwas peinlich, aber wer konnte einem so netten und rettenden Angebot – obendrein von einem mächtig gut aussehenden Kavalier – schon widerstehen? Kurzerhand hakte sie sich bei dem Herrn ein und ließ sich, während sie munter miteinander plauderten, zu ihrer Arbeitsstelle bringen. Das gefiel beiden so gut, dass der Kavalier bei Arbeitsschluss von Brigitte wieder vor der Tür stand und sie auf ihrem Weg nach Hause erneut unter seinen Schirm nahm. Und wie das manchmal im Leben so ist, entsteht aus einem Missgeschick mitunter ein großes Glück. Und so stand Brigitte einige Monate später mit ihrem Regenschirmkavalier vor dem Traualtar, diesmal aber zur Freude aller bei strahlendem Sonnenschein.

Anschauungsmaterial zur sinnlichen Unterstützung:

- ein Regenschirm
- Foto einer Straßenbahn
- Fotos verschiedener Berufsbekleidungen (Sekretärin, Banker etc.)

Gesprächsimpulse zur Geschichte:

- Hat jemand der Zuhörer eine eigene „Regenschirmgeschichte“ zu erzählen?
- In welchen Berufen haben Frauen früher gearbeitet? Welche waren eher Männern vorbehalten?
- Welche Kleidung wird in verschiedenen Berufen getragen?
- Mit welchen Verkehrsmitteln sind die Zuhörer früher zur Arbeit gefahren?
- Woran erkennt man einen Kavalier? (Benimmregeln früher)

Schlechtes Wetter

Liese, es regnet Seile;
ich sterbe vor langer Weile.
Ich glaube, die Blasen schwimmen dort –
jetzt regnet's vier Wochen immer so fort.
Ich sollte der liebe Gott mal sein.
Da gäb' es Regen bloß bei Nacht,
und immer wär' es Sonnenschein,
wenn ich im Bett wär' aufgewacht.

Victor Blüthgen

Ach, wer das doch könnte!

Gemäht sind die Felder,
der Stoppelwind weht.
Hoch droben in Lüften
mein Drache nun steht,
die Rippen von Holze,
der Leib von Papier,
zwei Ohren, ein Schwänzlein
sind all seine Zier.
Und ich denk: so drauf liegen
im sonnigen Strahl,
ach, wer das doch könnte
nur ein einziges Mal!
Da guckt ich dem Storch
in das Sommernest dort:
Guten Morgen, Frau Störchin,
geht die Reise bald fort?
Ich blickt in die Häuser
zum Schornstein hinein:
O Vater und Mutter,
wie seid ihr so klein.
Tief unter mir säh ich
Fluss, Hügel und Tal,
ach, wer das doch könnte
nur ein einziges Mal!

Und droben, gehoben
auf schwindelnder Bahn,
da fasst ich die Wolken,
die segelnden an;
ich ließ mich besuchen
von Schwalben und Krähn
und könnte die Lerchen,
die singenden, sehn;
die Englein belauscht ich
im himmlischen Saal;
ach, wer das doch könnte
nur ein einziges Mal!

Victor Blüthgen

Hab Dank, du lieber Wind!

Ich bin in den Garten gegangen
und mag nicht wieder hinaus.
Die goldigen Äpfel prangen
mit ihren roten Wangen
und laden ein zum Schmaus.
Wie ist es anzufangen?
Sie sind mir zu hoch und fern.
Ich sehe sie hangen und prangen
und kann sie nicht erlangen
und hätte doch einen gern!
Da kommt der Wind aus dem Westen
und schüttelt den Baum geschwind
und weht herab von den Ästen
den allerschönsten und besten.
Hab Dank, du lieber Wind!

Hoffmann von Fallersleben

Der Schnupfen

Ein Schnupfen hockt auf der Terrasse,
auf dass er sich ein Opfer fasse –
und stürzt alsbald mit großem Grimm
auf einen Menschen namens Schrimm.
Paul Schrimm erwidert prompt: „Pitschü!“
Und hat ihn drauf bis Montag früh.

Christian Morgenstern

Die Gebetserhörung

Robert kniete vor seinem Bett und sprach wie immer vor dem Schlafengehen sein Abendgebet. „Müde bin ich, geh' zur Ruh', schließe meine Augen zu ..." Aber bevor er es mit einem „Amen" beschloss, hängte er noch schnell eine Herzensbitte an Gott an, nämlich dass er ihn, wenn es möglich wäre, wenigstens für einen Tag von der elenden, wässrigen Graupensuppe, die fast täglich auf den Tisch kam, befreien und etwas anderes zum Essen zaubern möge. Schließlich war morgen Erntedankfest, und er träumte von ein paar vernünftigen Würsten, Pfannkuchen aus richtigen Eiern mit Speck oder einem saftigen Rinderbraten mit Gemüse und Kartoffeln, Hauptsache etwas, das sein ständiges Geknurre im Magen beenden würde. Falls Gott ihn erhörte, würde er ihm auch eine Kerze in der Kirche, dem einzigen Gebäude im Ort, das den Krieg relativ unbeschadet überstanden hatte, aufstellen. Seit Monaten gab es nichts Gescheites mehr zu essen. Seine Hosen schlackerten so entsetzlich um seine Beine, dass es nicht mehr feierlich war. Der Krieg war zu Ende, aber die Stadt, in der er wohnte, glich einem Trümmerhaufen, und die einzige Frage, die ihn wirklich beschäftigte, war, wo er etwas zu essen auftreiben konnte. Die Rationen der Lebensmittelkarten reichten weder zum Leben noch zum Sterben. Der einzige Lichtblick waren seine Kameraden, mit denen er das Schicksal teilte und durch die Trümmer zog, immer in der Hoffnung, etwas Brauchbares aufzustöbern, das sich auf dem Schwarzmarkt für etwas Essbares verhökern ließe.

Einmal hatten sie eine goldene Damenarmbanduhr in einer Häuserruine gefunden und ein richtiges Brot dafür eintauschen können. Bei dem bloßen Gedanken daran lief Robert das Wasser im Mund zusammen und er musste aufpassen, dass die Spucke ihm nicht auf die Erde tropfte. Vielleicht hatte Gott wenigstens zu Erntedank ein Einsehen und würde ihm irgendwie zu Hilfe kommen.

Der Erntedanktag begann so hungrig wie immer. Auch wenn Mutter ihm heute von ihrer Ration Grieß einen Brei gekocht hatte, blieb das unstillbare Loch im Bauch. Der Erntedankgottesdienst in der Kirche war feierlich, aber Robert hatte nicht das Gefühl, dass Gott ihm zugehört hätte. Und so verabredete er sich nach dem Gottesdienst mit seinen Kameraden, um in den Ruinen trotz des knurrenden Magens Verstecken zu spielen. Während einer seiner Freunde von zehn rückwärts zählte, hielt Robert nach einem geeigneten Versteck Ausschau. Nicht weit entfernt entdeckte er eine Öffnung in einem Trümmerberg, in die er sich geschwind hineinschob. Am

Ende der Öffnung befand sich eine Art Holzklappe, die sich mit etwas Kraftaufwand von Robert zur Seite schieben ließ und dahinter eine Art Keller zutage förderte. Robert zückte seine Taschenlampe, die er immer bei sich trug, und leuchtete in den dunklen Raum hinein. Was er da zu Gesicht bekam, ließ ihm den Atem stocken: Das reinste Schlaraffenland! In einem alten wackeligen Regal standen Einweckgläser mit Bohnen, Karotten und Erdbeeren, und von der Decke baumelten zwei geräucherte Würste und ein wunderbar duftender Schinken herunter. Sogleich fiel ihm sein Abendgebet wieder ein. „Wenn das keine Gebetserhörung ist!", jubelte Robert, so leise er konnte. Schnell schnappte er sich die Würste und schob sie unter seine Jacke. Den Rest würde er später nach Einbruch der Dunkelheit holen. Und so machte er es. Als Robert am Abend mit seiner Familie Erntedank feierte und seine „Schätze" auf dem Tisch ausbreitete, war es, als ob Ostern und Weihnachten auf einen Tag fielen. Es wurde das schönste Erntedankfest, das Robert je erlebt hatte.

Und was wurde aus Roberts Versprechen, Gott eine Kerze zu stiften? Nun, die brannte am nächsten Tag in der Kirche und leuchtete so hell wie das Gesicht von Robert, der schon immer gewusst hatte, dass auf den „Herrn da oben" letztlich doch Verlass war.

Anschauungsmaterial zur sinnlichen Unterstützung:

- ein Einweckglas gefüllt mit Erdbeeren
- zwei Räucherwürstchen
- ein Stück Schinken (an allem darf gerochen, von allem gegessen werden)
- eine Haushaltskerze

Gesprächsimpulse zur Geschichte:

- Was haben die Zuhörer in der Kindheit gerne gegessen? An welche Kriegs- und Nachkriegsgerichte erinnern sie sich noch?
- Wie hat man das Erntedankfest gefeiert? Gehörten auch der Kirchbesuch oder andere religiöse Rituale dazu?

Erntefest

Wagen auf Wagen schwankte herein,
Scheune und Böden wurden zu klein:
Danket dem Herrn und preist seine Macht,
glücklich ist wieder die Ernte vollbracht.

Hoch auf der Fichte flattert der Kranz,
Geigen und Brummbass laden zum Tanz;
leicht wird das Leben trotz Mühe und Plag,
krönet die Arbeit ein festlicher Tag.

Seht ihr der Kinder fröhliche Schar,
blühende Wangen, goldlockiges Haar?
Hört ihr sie jubeln? O liebliches Los,
fällt ihnen reif doch die Frucht in den Schoß!

Wir aber furchen, den Pflug in der Hand,
morgen geschäftig aufs Neue das Land;
ewig ja reiht, nach des Ewigen Rat,
Saat sich an Ernte und Ernte an Saat.

Julius Sturm

Trauben, die ess' ich gern

Trauben, die ess' ich gern,
das kannst du glauben,
süßer als Mandelkern
schmecken die Trauben.
Trauben hol' mir geschwind,
hole mir Trauben.
Dass sie gegessen sind,
kann ich nicht glauben.
Mutter, an dem Spalier
und an den Lauben,
überall, da und hier
gibt es noch Trauben.
Trauben, die ess' ich gern,
das kannst du glauben,
süßer als Mandelkern
schmecken die Trauben.

Hoffmann von Fallersleben

Apfellese

Das ist ein reicher Segen
in Gärten und an Wegen!
Die Bäume brechen fast.
Wie voll doch alles hanget!
Wie lieblich schwebt und pranget
der Äpfel gold'ne Last!

Jetzt auf den Baum gestiegen!
Lasst uns die Zweige biegen,
dass jedes pflücken kann!
Wie hoch die Äpfel hangen,
wir holen sie mit Stangen
und Haken all' heran.

Und ist das Werk vollendet,
so wird auch uns gespendet
ein Lohn für unsern Fleiß.
Dann zieh'n wir fort und bringen
die Äpfel heim und singen
dem Herbste Lob und Preis.

Hoffmann von Fallersleben

Einkehr

Bei einem Wirte, wundermild,
da war ich jüngst zu Gaste;
ein goldner Apfel war sein Schild
an einem langen Aste.
Es war der gute Apfelbaum,
bei dem ich eingekehret;
mit süßer Kost und frischem Schaum
hat er mich wohlgenähret.
Es kamen in sein grünes Haus
viel leicht beschwingte Gäste;
sie sprangen frei und hielten Schmaus
und sangen auf das Beste.
Ich fand ein Bett zu süßer Ruh
auf weichen, grünen Matten;
der Wirt, er deckte selbst mich zu
mit seinem kühlen Schatten.
Nun fragt' ich nach der Schuldigkeit,
da schüttelt' er den Wipfel.
Gesegnet sei er allezeit
von der Wurzel bis zum Gipfel!

Ludwig Uhland

Stoffel!

Stoffel! Stoffel!
Obst und Kartoffel, Kartoffel und Obst,
Obst und Kartoffel. Schafft ins Haus, ins Haus.
Kraut und Rüben, wo sind sie geblieben?
Sauerkraut muss rein!
Hol schnell den Hobel, hobel das Kraut uns ein!
Most in die Fässer, Wein schmeckt noch besser,
Wein muss es sein! Fülle die Fässer, die Fässer
mit Most und Wein!
Holz und Kohlen muss der Stoffel holen.
Das Feuer ist aus. Stoffel, trag das Holz und die Kohlen,
die Kohlen ins Haus.

Aus „Musikalischer Hausfreund“,
angeblich Joseph Haydn

Der Seelentröster

Es war den ganzen Tag nicht richtig hell geworden, und der Nebel schien sich jetzt, wo die Dunkelheit hereinbrach, noch zu verdichten. Bärbel knipste das Licht der Stehlampe neben ihrem Sessel an und nahm ihr Strickzeug zur Hand. Eigentlich brauchte seit dem Tod ihres Mannes Herbert niemand mehr wärmende Wollsocken. Aber sie konnte es nicht gut aushalten, wenn ihre Hände nichts zu tun hatten. Der stetige Wechsel der Nadeln und der weiche Wollfaden, der durch ihre Finger glitt, wirkten beruhigend auf sie, und das immer länger werdende Strickzeug unter ihren Händen gab ihr ein Gefühl innerer Befriedigung.

Inzwischen waren die Straßenlaternen angegangen, was die Sicht wegen des dicken Nebels aber kaum verbesserte. Außerdem hatte leichter Nieselregen eingesetzt. Wirklich ein Wetter zum Mäusemelken, dachte Bärbel, die den November nicht ausstehen konnte. Die ewige Dunkelheit und die vielen traurigen Feiertage schlugen ihr aufs Gemüt und verstärkten ihr Gefühl von Einsamkeit. Sie hielt im Stricken inne, ging zum Fenster und schaute die Straße hinunter. Kein Mensch war zu sehen, was bei dem Wetter auch kein Wunder war. Da jagte man ja noch nicht einmal einen Hund auf die Straße. Bärbel seufzte und wollte sich gerade wieder ihrem Strickzeug zuwenden, als sie ein leises, klägliches Miauen wahrnahm. Wo kam das denn her? Angestrengt schaute Bärbel durch das Fenster in die Dunkelheit, als sie ein kleines, schwarzes Etwas unter ihrem Fenster entdeckte. Schnell öffnete sie das Fenster, und eh sie sich versah, sprang ein kleiner, schwarzer Kater auf die Fensterbank und schaute sie neugierig aus funkelnden, grünen Augen an.

„Wer bist du denn?“, fragte Bärbel.

Das kleine, völlig abgemagerte und durchnässte Kätzchen zitterte am ganzen Körper und antwortete mit einem erneuten kläglichen „Miau“, was allerdings nicht wirklich Aufschluss über seine Herkunft gab. Aber Bärbel verstand auch so, was das arme Tierchen

jetzt brauchte. Behutsam nahm sie den kleinen Kerl von der Fensterbank und lockte ihn mit freundlichen Worten in die Küche. Vertrauensvoll tapste der Kater hinter Bärbel her und wurde dafür mit einer Schale warmer Milch und Fleischresten von Bärbels Mittagessen belohnt. Unter lautem Geschnurre verschlang der Kater hastig die ihm vorgesetzten Leckerbissen.

„Hast wohl lange nichts bekommen?", stellte Bärbel mitleidig fest, was der Kater mit lautem, um Nachschlag bettelnden Miauen be-

antwortete. Zum Glück fand Bärbel noch eine Dose Thunfisch in ihrer Speisekammer, die sie großmütig für den kleinen Hungerhaken öffnete. Dieser fühlte sich wie im Himmel und strich, nachdem er sich sein Bäuchlein vollgeschlagen hatte, zärtlich, als wollte er Dankeschön sagen, um Bärbels Beine.
„Was machen wir denn jetzt bloß mit dir?", fragte Bärbel den Kater, der darauf natürlich auch keine Antwort wusste.
„Am besten bleibst du erst einmal über Nacht hier, und morgen sehen wir weiter", entschied Bärbel. Damit war der Kater höchst einverstanden und sprang, nachdem Bärbel sich wieder mit ihrem Strickzeug in ihren Sessel gesetzt hatte, auf ihren Schoß, rollte sich leise schnurrend zusammen und war bald im Reich der Katzenträume. Bärbel war gerührt über das Vertrauen des Tieres und freute sich über seine Nähe. Irgendwie hatte dieser kleine Kater es geschafft, ihre Stube mit Wärme und Frieden zu erfüllen, und so reifte in Bärbel ein Entschluss. Falls niemand Anspruch erhob, würde sie den Kater behalten und statt Socken ab heute eine schöne, weiche Katzendecke stricken. Weihnachten war nicht mehr fern, und vielleicht freuten sich ja auch Katzen über ein Weihnachtsgeschenk.

Anschauungsmaterial zur sinnlichen Unterstützung:

- ein Knäuel weiche Wolle
- ein begonnenes Stück Gestricktes mit Stricknadeln (wer will und kann, darf ein paar Maschen weiterstricken)
- Fotos von Katzen

Gesprächsimpulse zur Geschichte:

- Welche Haustiere hatten oder kennen die Zuhörer, und was wissen sie über ihre Haltung?
- Was kann man über Katzen erzählen (was fressen sie, wie verhalten sie sich etc.)?
- Welche Handarbeitstechniken sind den Zuhörern vertraut, und welche anderen handwerklichen Beschäftigungen haben sie gerne gemacht?

Die polyglotte Katze

Die Katze sitzt vorm Mauseloch,
in das die Maus vor Kurzem kroch,
und denkt: „Da wart nicht lang ich,
die Maus, die fang ich!“

Die Maus jedoch spricht in dem Bau:
„Ich bin zwar klein, doch bin ich schlau!
Ich rühr mich nicht von hinnen,
ich bleibe drinnen!“

Da plötzlich hört sie – statt „miau“ –
ein laut vernehmliches „wau-wau“
und lacht: „Die arme Katze,
der Hund, der hatse!

Jetzt muss sie aber schleunigst flitzen,
anstatt vor meinem Loch zu sitzen!“
Doch leider – nun, man ahnt's bereits –
war das ein Irrtum ihrerseits.

Denn als die Maus vors Loch hintritt –
es war nur ein ganz kleiner Schritt –,
wird sie durch Katzenpfotenkraft
hinweggerafft! – –

Danach wäscht sich die Katze die Pfote
und spricht mit der ihr eignen Note:
„Wie nützlich ist es dann und wann,
wenn man 'ne fremde Sprache kann …!“

Heinz Erhardt

Herbst

Die Blätter fallen, fallen wie von weit,
als welkten in den Himmeln ferne Gärten;
sie fallen mit verneinender Gebärde.

Und in den Nächten fällt die schwere Erde
aus allen Sternen in die Einsamkeit.

Wir alle fallen. Diese Hand da fällt.
Und sieh dir andre an: Es ist in allen.

Und doch ist einer, welcher dieses Fallen
unendlich sanft in seinen Händen hält.

Rainer Maria Rilke

Was mag das wohl sein?

Er kommt gar bunt daher,
bringt Äpfel, Birn' und mehr,
hat Wind und Regen im Gepäck,
kommt wild und stürmisch um die Eck;
nicht so lang sind mehr die Tage,
wie heißt die Zeit, das ist die Frage.
(Herbst)

Ein bunter Kerl mit langem Schwanz
fliegt in der Höh' in wildem Tanz,
bläst der Wind gar sehr heftig,
zieht an der Schnur er kräftig.
(Drachen)

Hat keine Farbe, ist nicht zu seh'n,
nur an seiner Wirkung zu versteh'n.
Kommt er daher als wildes Brausen,
muss man hinter dem Hut hersausen,
zeigt er sich leis' bei großer Hitze,
hilft er, dass der Mensch nicht so schwitze.
Kommt um jede Ecke ganz geschwind,
wird auch genannt das himmlische Kind.
(Wind)

Ein Teil sich in der Erde versteckt,
darüber sich dann das Grünzeug reckt.
Beim Ernten muss man sich stark bücken,
das geht ganz schrecklich auf den Rücken.
Gekocht, gebraten oder gerieben
kann man sie servieren dann den Lieben.
(Kartoffeln)

Er ist sehr groß und auch sehr mächtig,
die Früchte, die er trägt, sind prächtig,
sie haben Stacheln und sind braun,
für Kinder sind sie gut zum Bau'n.
Drum sammeln sich im Herbst dort Knaben,
die die Frücht' mit dem Stock abschlagen.
(Kastanienbaum)

Wenn der November den Elften zeigt,
macht man dies prächt'ge Tier bereit.
Man schiebt gefüllt es in den Herd,
so ist's von allen sehr begehrt.
Wenn es gebräunt und herrlich duftet,
dann hat die Hausfrau schwer geschuftet.
Man isst es einem Heiligen zu Ehren,
man kann es dann mit großer Lust verzehren.
(Martinsgans)

Wie lautet der zusammengesetzte Begriff?

1. Wird gebraucht beim Einwegglas,
   auch am End' des Zopfs hält's was;
   ist ein Fehler im Diktat passiert,
   wird er gleich damit hinwegradiert.
   Viel verwendbar ist dies Material,
   schießt ein frecher Jung' damit, wird's zur Qual.
   (Gummi)

2. Es wärmt die Füße ganz enorm,
   ein warmes Land hat diese Form,
   Soldaten tragen ihn am Fuß sehr oft,
   das Kind vom Nik'laus Süßes drin erhofft.
   (Stiefel)

Lösungswort: Gummistiefel

1. Vom Himmel kommt er her,
   fällt meist aus Wolken schwer,
   macht so alle Äcker nass,
   füllt damit des Bauern Fass.
   Besteht aus vielen Tropfen fein.
   Es muss dann wohl der … sein.
   (Regen)

2. Er hilft gegen Regen und auch Sonne.
   Nach Sturm ist er meist nur für die Tonne.
   Thront gerne oben auf dem Eis,
   gehört zum Fernseh'n, wie man weiß.
   (Schirm)

Lösungswort: Regenschirm

1. Sind die Viecher in der Stube,
gibt es nirgendwo mehr Ruhe,
surren jedem um die Nase,
sitzen auf der Blumenvase,
bis die Klatsche sie erwischt
und ihr Leben dann erlischt.
(Fliegen)

2. Im Walde steht er auf einem Bein,
wird gesammelt in den Korb hinein.
Ist giftig und auch oft gesund,
sein Dach ist wie ein Schirm so rund.
(Pilz)

Lösungswort: Fliegenpilz

1. Ein Zwölftel ist er vom Ganzen,
meist trüb und ohn' Blütenpflanzen.
In ihm gibt es viele Trauertage,
dass niemand ihn liebt, steht außer Frage.
(November)

2. So mancher sieht die Welt auf diese Weise,
wenn Grübeleien sich machen auf die Reise.
Es ist das Gegenteil von rosarot,
eine Mischung aus weiß und schwarz wie der Tod.
(grau)

Lösungswort: Novembergrau

Wie geht die Bauernregel weiter?

Fällt das Laub recht bald, wird der Herbst nicht …
(… alt)

Hat der Herbst zum Donnern Mut, wird das nächste Jahr wohl …
(… gut)

Herbstgewitter bringen Schnee, doch dem nächsten Jahr kein …
(… Weh)

Ist im Herbst das Wetter hell, bringt es Wind und Winter …
(… schnell)

Je fetter die Vögel und Dachse sind, umso kälter erscheint das …
(… Christkind)

Späte Rosen im Garten, lassen den Winter …
(… warten)

Wenn im Herbst viel Spinnen kriechen, sie einen kalten Winter …
(… riechen)

Fließt im Spätherbst noch der Birkensaft, dann kriegt der Winter keine …
(… Kraft)

Wenn die Zugvögel sich vereinen, wird der Winter bald …
(… erscheinen)

Wenn rau und dick das Hasenfell, dann sorg' für Holz und Kohle …
(… schnell)

Eiszeit

Altes Kaminstück

Draußen ziehen weiße Flocken
durch die Nacht, der Sturm ist laut;
hier im Stübchen ist es trocken,
warm und einsam, stillvertraut.
Sinnend sitz ich auf dem Sessel,
an dem knisternden Kamin,
kochend summt der Wasserkessel
längst verklungne Melodien.
Und ein Kätzchen sitzt daneben,
wärmt die Pfötchen an der Glut;
und die Flammen schweben, weben,
wundersam wird mir zumut.

Heinrich Heine

Hals- und Beinbruch

Peter erwachte mit einem Gefühl, die ganze Welt umarmen zu können. Er hatte lang und gut geschlafen, fühlte sich voller Tatendrang und freute sich auf den ersten Tag seiner Winterferien. Als er barfuß zum Fenster rannte und die Vorhänge aufzog, steigerte sich seine ohnehin schon gute Laune noch um ein Vielfaches. Endlich hatte es geschneit, und die Sonne verwandelte die Landschaft in ein Meer von funkelnden und glitzernden Kristallen. Die Zweige der Bäume bogen sich unter der Last des Schnees, und die Dächer der Häuser sahen aus, als hätte man sie mit einem dicken, weißen Zuckerguss überzogen.

In der Ecke von Peters Zimmer standen seine neuen Skier, die er zu Weihnachten bekommen hatte, und warteten auf ihre Jungfernfahrt. Peter liebte es, die Berghänge hinunterzusausen, denn er war sportlich und stellte sich gerne neuen Herausforderungen. Seine Mutter ermahnte ihn deshalb jedes Mal, wenn er auf die Skipiste ging, ja vorsichtig zu sein. Aber bei Peter gingen solche „Angsthasenparolen“, wie er die Ermahnungen seiner Mutter heimlich nannte, zum einen Ohr rein und zum anderen wieder heraus. So war es auch heute. Als er den herrlich steilen Hang vor sich sah und die neuen Skier unter seinen Füßen spürte, hatte er nur noch eines im Kopf, die Piste zu besiegen und schnell ins Tal zu sausen. Nach ein paar kräftigen Abstößen wedelte Peter gekonnt den Hang hinunter, was sehr ästhetisch aussah. So manche weibliche Pistenbesucherin schaute ihm entzückt hinterher und hätte ihn sicher gerne kennengelernt. Die neuen Skier glitten noch schneller über den Schnee als die alten, sodass Peter mächtig Tempo aufnahm. Als er sich gerade wie der König der Piste fühlte, kam es, wie es kommen musste. Irgendein Hindernis rammte seinen linken Ski und brachte Peter so aus dem Gleichgewicht, dass er sich mehrmals überschlug und unsanft neben der Piste im Schnee landete.

Peter versuchte, sich irgendwie zu sortieren, und bemerkte im ersten Schock auch gar nicht, dass mit seinem rechten Bein etwas nicht stimmte. Erst als ihn ein stechender, ihm fast den Atem nehmender Schmerz am Aufstehen hinderte, schwante ihm, was passiert war. Die Bergwacht, die Peter sofort zu Hilfe eilte, bestätigte Peters Verdacht: ein glatter Bruch des Wadenbeins!

Zum Glück kam Peter um eine Operation herum, aber mit Skifahren war für diese Ferien erst einmal Schluss. Mit einem dicken Gips am Bein und Krücken unter den Armen konnte er allenfalls durch die Wohnung humpeln. Wenigstens kamen ihn seine Schulkameraden besuchen und verzierten seinen Gips mit schmissigen Sprüchen und lustigen Konterfeis. Ob Peter nach seiner Genesung zukünftig die Piste vorsichtiger hinunterfuhr? Keinesfalls. Trotzdem blieb er heil, was wohl daran lag, dass Gott die Zahl der Schutzengel für Peter erhöht hatte.

Anschauungsmaterial zur sinnlichen Unterstützung:

- ein Paar Skier oder Fotos von diesen
- Fotos von Bergen und Skipisten

Gesprächsimpulse zur Geschichte:

- Welchen Wintersport haben die Zuhörer als Kinder oder auch später betrieben?
- Welche berühmten Wintersportler kennen sie oder haben sie vielleicht verehrt?
- Sind die Zuhörer im Urlaub in die Berge gefahren?
- Welche Verhaltensregeln muss man in den Bergen beachten?

Der erste Schnee

Ei, du liebe, liebe Zeit,
ei, wie hat's geschneit, geschneit!
Ringsherum, wie ich mich dreh',
nichts als Schnee und lauter Schnee.
Wald und Wiesen, Hof und Hecken,
alles steckt in weißen Decken.

Und im Garten jeder Baum,
jedes Bäumchen voller Flaum!
Auf dem Sims, dem Blumenbrett
liegt er wie ein Federbett.
Auf den Dächern um und um
nichts als Baumwoll' ringsherum.

Und der Schlot vom Nachbarhaus,
wie possierlich sieht er aus:
Hat ein weißes Müllerkäppchen,
hat ein weißes Müllerjöppchen!
Meint man nicht, wenn er so raucht,
dass er just sein Pfeifchen schmaucht?

Und im Hof der Pumpenstock
hat gar einen Zottelrock
und die ellenlange Nase
geht schier vor bis an die Straße.
Und gar draußen vor dem Haus!
Wär' nur erst die Schule aus!

Aber dann, wenn's noch so stürmt,
wird ein Schneemann aufgetürmt,
dick und rund und rund und dick,
steht er da im Augenblick.
Auf dem Kopf als Hut 'nen Tiegel
und im Arm den langen Prügel
und die Füße tief im Schnee
und wir ringsherum, juhe!
Ei, ihr lieben, lieben Leut',
was ist heut' das eine Freud'!

Friedrich Wilhelm Güll

Schneeflocken

Es schneit, hurra, es schneit!
Schneeflocken weit und breit!
Ein lustiges Gewimmel
kommt aus dem grauen Himmel.

Was ist das für ein Leben!
Sie tanzen und sie schweben.
Sie jagen sich und fliegen,
der Wind bläst vor Vergnügen.

Und nach der langen Reise,
da setzen sie sich leise
aufs Dach und auf die Straße
und frech dir auf die Nase.

Volksgut

Der Eislauf

Der See ist zugefroren
und hält schon seinen Mann.
Die Bahn ist wie ein Spiegel
und glänzt uns freundlich an.

Das Wetter ist so heiter,
die Sonne scheint so hell.
Wer will mit mir ins Freie?
Wer ist mein Mitgesell?

Da ist nicht viel zu fragen:
Wer mit will, macht sich auf.
Wir geh'n hinaus ins Freie,
hinaus zum Schlittschuhlauf.

Was kümmert uns die Kälte?
Was kümmert uns der Schnee?
Wir wollen Schlittschuh laufen
wohl auf dem blanken See.

Da sind wir ausgezogen
zur Eisbahn alsobald
und haben uns am Ufer
die Schlittschuh angeschnallt.

Das war ein lustig Leben
im hellen Sonnenglanz!
Wir drehten uns und schwebten,
als wär's ein Reigentanz.

Hoffmann von Fallersleben

Der Schneemann

Seht, da steht er, unser Schneemann!
Das ist ein Geselle!
Stehet fest und unverzagt,
weicht nicht von der Stelle.

Schaut ihm in die schwarzen Augen!
Wird euch denn nicht bange?
In der linken Hand da hat er
eine lange Stange.

Einen großen Säbel hält er
fest in seiner Rechten.
Kommt heran! Er wird sich wehren,
wird mit allen fechten.

Über ihn kann nur der Frühling
einen Sieg gewinnen:
Blickt ihn der nur an von ferne,
wird er gleich zerrinnen.

Aber halt dich tapfer, Schneemann!
Lass dir offenbaren:
Stehst du morgen noch, so wollen
wir dich Schlitten fahren.

Hoffmann von Fallersleben

Der unerwartete Beschützer

Es war Ende Januar und der Winter zeigte gewaltig seine Zähne. Eine dicke Schneeschicht bedeckte Straßen und Gehwege, und überall waren hohe Schneehaufen aufgeschichtet. Klaus kämpfte sich missmutig durch das weiße Pulver. Sein Ranzen drückte heute besonders heftig auf seine schmalen Schultern, und sein Magen sehnte sich nach Mittagessen. Seine Füße waren so durchgefroren, dass er sie kaum noch fühlte. Er hasste die Schule, nicht weil ihm das Lernen schwerfiel, nein, ganz im Gegenteil, sondern weil er unter seinen Kameraden litt, die keine Gelegenheit ausließen, ihn zu hänseln. Für seine zehn Jahre war er ziemlich klein geraten, manche seiner Schulkameraden überragten ihn um mindestens zwei Köpfe. Besonders kräftig war er auch nicht und zog beim Armdrücken oder im Sport chronisch den Kürzeren. Außerdem trug er wegen seines Sehfehlers eine dicke Hornbrille. Manche machten sich einen richtigen Spaß daraus, ihn zu ärgern oder zu demütigen. Erst heute Morgen hatten sie ihm wieder seine Mütze vom Kopf gerissen und damit Fangen gespielt. In Gedanken hörte er noch ihr höhnisches „Hol' sie dir doch, Brillenschlange, hol' sie dir doch!". Er hatte das natürlich nicht geschafft und musste sie sich später von einem Strauch angeln, wo die gemeinen Schurken sie viel zu hoch für ihn aufgebaumelt hatten.

Als Klaus noch gerade seinen schwermütigen Gedanken nachhing, passierte es schon wieder. Einige seiner Schulkameraden hatten ihm hinter einem aufgeschaufelten Schneeberg aufgelauert, sprangen ohne Vorwarnung aus dem Versteck und stellten sich ihm in den Weg. „Na, Kleiner, hast' dich heute schon ordentlich gewaschen?", feixten sie und seiften ihn dann so mit Schnee ein, dass ihm Hören und Sehen verging. Er wehrte sich zwar mit Händen und Füßen, trat um sich wie ein wild gewordener Handfeger, aber das half nichts. Erst als er so laut schrie, dass Passanten auf ihn aufmerksam wurden, ließen die Übeltäter von ihm ab. Jetzt fror Klaus

noch mehr. Denn sie hatten ihm Schneebälle hinten in den Kragen gesteckt, die jetzt langsam tauten und kalt seinen Rücken hinunterliefen. Mit hängendem Kopf schlich Klaus nach Hause und fürchtete den nächsten Schultag, vor allem den Nachhauseweg, so sehr, dass er nur bei dem Gedanken daran weiche Knie bekam.

Der nächste Tag kam, und Klaus tröstete sich mit der leisen Hoffnung, dass sie ihn heute mal in Ruhe lassen würden. Aber das war ein frommer Wunsch. Schon von Weitem sah Klaus zwei von ihnen auf sich zukommen. Weglaufen half nichts, die anderen waren ohnehin schneller. So blieb er stehen und wartete hilflos auf seine Abreibung. Schon flogen die ersten Schneebälle auf ihn zu und er spürte, wie einer der beiden sich an seiner Mütze zu schaffen machte. Als sie ihn gerade so richtig in die Zange nehmen wollten, geschah plötzlich ein Wunder. So kam es Klaus zumindest vor. Frank, ein großer, kräftiger Schüler, der bereits in die Oberstufe ging, war aus dem Nichts aufgetaucht und baute sich vor seinen Widersachern auf. Völlig perplex ließen die ihre Schneebälle fallen und wollten die Flucht ergreifen. Aber Frank packte sie beide geschwind am Kragen und verpasste ihnen, ohne zu fackeln, so heftige Ohrfeigen, dass sie ihre Wangen im Anschluss mit den Schneebällen, die sie für Klaus vorgesehen hatten, kühlen mussten. „Wenn ihr ihn noch einmal anfasst, droht euch Schlimmeres!", brüllte Frank ihnen, nachdem er mit ihnen fertig war, hinterher, und zu Klaus gewandt sagte er: „Wenn sie dir wieder auflauern sollten, sag' mir Bescheid!"

Klaus, der die ganze Zeit wie versteinert dagestanden hatte, erwachte endlich aus seiner Erstarrung und brachte ein stammelndes „Dankeschön" für seinen unerwarteten Beschützer hervor. Der verabschiedete sich mit einem schelmischen „Kopf hoch, Kleiner!", während er Klaus die heruntergefallene Mütze auf den Kopf zog. Und tatsächlich ließen die Rabauken Klaus von diesem Tag an in Ruhe, erst aus Angst vor Frank, der sein Versprechen, Klaus zu beschützen, hielt, und später, weil Klaus einen mächtigen Schuss in die Höhe machte und plötzlich alle anderen Schulkameraden um einen Kopf überragte.

Anschauungsmaterial zur sinnlichen Unterstützung:

- eine Pudelmütze
- eine alte Hornbrille
- ein alter Schulranzen oder Fotos von Kindern mit Ranzen auf dem Schulweg

Gesprächsimpulse zur Geschichte:

- Können sich die Zuhörer noch an ihren Schulweg erinnern?
- Gab es Schwierigkeiten mit „bösen Jungs“?
- Wie war der Schulalltag? Sind die Zuhörer gerne in die Schule gegangen?

Wenn in der Kälte

Wenn in der Kälte Groß und Klein
mit roter Nas' spazieren,
dann ruft der Ofen: „Kommt herein,
ihr sollt nicht lange frieren!"

Gustav Falke

Der Winterabend

Der Winterabend, das ist die Zeit
der Arbeit und der Fröhlichkeit.
Wenn die andern nähen, stricken und spinnen,
dann müssen wir Kinder auch was beginnen;
wir dürfen nicht müßig sitzen und ruhn,
wir haben auch unser Teil zu tun.
Wir müssen zu morgen uns vorbereiten
und vollenden unsere Schularbeiten.
Und sind wir fertig mit Lesen und Schreiben,
dann können wir unsere Kurzweil treiben …
Und ist der Abend auch noch so lang,
wir kürzen ihn mit Spiel und Gesang.
Und wer ein hübsches Rätsel kann,
der sagt's, und wir fangen zu raten an.

Hoffmann von Fallersleben

Der liebe Gott lässt fliegen

Der liebe Gott lässt fliegen
viel Flöckchen weiß und rein,
ein Bettchen draus zu fügen
für alle Blümelein.

Kommt, lasst uns Schneeball spielen
in dieser Winterzeit,
die Kälte wir nicht fühlen,
weil uns das Spiel erfreut.

Und wenn wir Schlitten fahren
im tiefen, tiefen Schnee
und tappen froh zu Paaren,
dann rufen wir „Juhe!“.

Marie von Nathusius

Ende gut, alles gut!

Christine und Hans waren noch nicht lange verheiratet, und trotz einer zärtlichen Liebe, die beide verband, hing heute der Haussegen schief. Grund dafür war das unterschiedliche Empfinden, wie das ihnen zur Verfügung stehende Geld ausgegeben werden sollte. Während Christine mehr darauf bedacht war, jeden Pfennig zusammenzuhalten, um auch ein Pölsterchen für Notfälle anlegen zu können, ging Hans eher etwas verschwenderischer damit um und gab auch Geld für Dinge aus, die Christine als überflüssigen Firlefanz empfand. So hatte Hans heute eine neue, teure Standuhr angeschleppt, obwohl die alte, die sie von seinen Eltern geerbt hatten, noch völlig in Ordnung war und die Zeit ebenso gut anzeigte wie die neue. Nun stand das zwar hübsch anzusehende, aber ein riesiges Loch in das Monatsbudget reißende Möbelstück in der Ecke des Wohnzimmers und wurde zum Stein des Anstoßes bzw. zum Anlass eines sich langsam immer mehr aufschaukelnden, handfesten Ehekrachs. Wie Streits das so an sich haben, ergab ein Wort das andere, die Stimmen wurden immer lauter, die Argumente auf beiden Seiten immer unsinniger, Hauptsache, sie halfen, den anderen zu übertrumpfen und sich selbst im Recht zu fühlen. Lauschte man als stiller Beobachter den gegenseitigen Anschuldigungen, begriff man schnell, dass es längst nicht mehr nur um die neu erstandene Uhr ging, sondern man den Streit als Gelegenheit nutzte, dem anderen seit Längerem wahrgenommene und störende Charaktermacken sozusagen in einem Abwasch aufs Brot zu schmieren.

Da keiner der beiden ein Ende finden und nachgeben wollte, entschied sich Christine, die sich zunehmend mehr in die Ecke gedrängt fühlte, dem Streit auf ihre zugegebenermaßen etwas melodramatische Weise einen Schlusspunkt zu setzen. Kurzerhand schnappte sie sich einen kleinen Koffer, warf wahllos irgendwelche Sachen hinein und knallte mit der Drohung „Ich zieh' zurück zu meinen Eltern!" mit einem lauten Bums die Haustüre hinter sich zu.

Schlagartig trat Ruhe ein und Hans blieb wie vom Blitz gerührt allein in der Wohnung zurück. Der Tag verging, aber keiner der beiden schien von dem Sprichwort: „Der Klügere gibt nach" Gebrauch machen zu wollen, obwohl sich beide schon längst wieder nacheinander sehnten und eigentlich nicht begriffen, wie es so weit hatte kommen können.

Inzwischen war es bereits dunkel geworden und die Temperatur wieder weit ins Minus gefallen. Aber Christine war nicht nach Hause zurückgekehrt. Hans stand am Fenster und schaute traurig auf die dick verschneite Landschaft. Gerne würde er jetzt mit Christine durch den hohen Schnee stapfen. Sie liebten beide den Winter und waren schon oft zusammen mit ihren Skiern die Hänge hinuntergesaust. Der Schneefall hatte aufgehört, und am Himmel zeigte sich der erste Abendstern. Der Anblick der weißen, ruhigen Winterlandschaft und des Sternenhimmels wirkte beruhigend auf Hans und berührte seine weiche Seite. Und schon reifte in ihm eine Idee, wie er Christine zurückholen könnte. Er mietete kurzerhand einen Pferdeschlitten mit Kutscher im Dorf, was nicht gerade billig war, und stand damit wenig später vor dem Haus seiner Schwiegereltern, um Christine nach Hause zu holen. So viel Romantik konnte selbst Christine nicht widerstehen. Froh, Hans wiederzusehen, stieg sie zu ihm in die Kutsche und kuschelte sich, dick in Rosshaardecken eingehüllt, an seine Seite. Hans zog sie zärtlich an sich und küsste sie aufs Haar. Und während der Schlitten lautlos über den festgefahrenen Schnee glitt, funkelten die Sterne am Himmel und wirkten so dicht, dass man das Gefühl hatte, sie mit den Händen greifen zu können. Außer ihrem Gefunkel erleuchtete nur die Lampe des Kutschers, der vorne saß, die Nacht. Der Atem der Pferde strömte wie weißer Nebel aus ihren Nüstern und schien in der Luft zu gefrieren. Aber für all diese winterlichen Schönheiten hatten Hans und Christine kaum ein Auge, waren sie doch viel zu sehr mit ausführlichen Versöhnungsküssen beschäftigt.

Anschauungsmaterial zur sinnlichen Unterstützung:

- ein altes Haushaltsbuch
- ein Foto von einer alten und einer modernen Standuhr

Gesprächsimpulse zur Geschichte:

- Worüber kommt es in Ehen oft zum Streit?
- Wer bestimmte in der eigenen Familie über das Geld? Nach welchen Grundsätzen wurde Geld eingeteilt?
- Wie kann man sich nach einem Streit versöhnen?

Winternacht

Wie ist so herrlich die Winternacht!
Es glänzt der Mond in voller Pracht
mit den silbernen Sternen am Himmelszelt.
Es zieht der Frost durch Wald und Feld
und überspinnet jedes Reis
und alle Halme silberweiß.
Er hauchet über dem See, und im Nu,
noch eh' wir's denken, friert er zu.
So hat der Winter auch unser gedacht
und über Nacht uns Freude gebracht.
Nun wollen wir auch dem Winter nicht grollen
und ihm auch Lieder des Dankes zollen.

Hoffmann von Fallersleben

Der Reif

Der Reif ist ein geschickter Mann:
O seht doch, was er alles kann!
Er haucht nur in den Wald hinein,
wie ist verzuckert schön und fein
ein jeder Zweig und Busch und Strauch
von seinem Hauch!

Wie schnell es ihm von Händen geht!
Kein Zuckerbäcker das versteht.
Und alles fein und silberrein,
wie glänzt es doch im Sonnenschein!
Wär' alles doch nur Zucker auch
von seinem Hauch!

Doch nein, wir sind schon sehr erfreut,
dass uns der Reif so Schönes beut.
O Winter, deinen Reif auch gib,
uns ist auch Augenweide lieb,
und ohne Duft und Frühlingshauch
freu'n wir uns auch.

Hoffmann von Fallersleben

Die besondere Schlittenfahrt

Heinrich saß seit mehr als einer Stunde neben seiner Frau Mathilde am Bett und streichelte zärtlich ihre Hand. Sie war schon einige Zeit bettlägerig und ihr Körper vom schweren Rheuma gezeichnet. Aber sie war ein Mensch, der alles still ertrug und sich nie über irgendetwas beklagte. „So ist sie schon immer gewesen, das Gute im Leben dankbar schätzend und das Schlechte ohne Jammern hinnehmend“, dachte Heinrich. Das Leben war nicht immer einfach gewesen und hatte ihnen so manches abverlangt. Aber sie hatten immer fest zusammengehalten und alles gemeinsam bewältigt. Über 50 Jahre waren sie nun schon verheiratet, und keiner von beiden konnte sich ein Leben ohne den anderen vorstellen.
Heinrich hatte Mathildes Bett dicht vors Fenster geschoben, damit sie in die herrliche Schneelandschaft hinausschauen konnte. Es hatte die ganze Nacht hindurch geschneit, und die Welt sah jetzt unter dem weichen Weiß wie verzaubert aus. Vor dem Fenster stand ein von Heinrich selbst gebautes Vogelhaus, das eine Vielzahl von bunt gefiederten Piepmätzen anlockte. Es war eine Freude, ihrem emsigen Gepicke zuzusehen. In der Ferne rodelten Kinder einen steilen Hang hinunter, und Heinrich reichte Mathilde ein Fernglas, damit sie dem Treiben der Kinder genauer zuschauen konnte. Mathilde erinnerte sich, wie sie selbst als Kind mit ihren vier Geschwistern auf Holzschlitten ausgelassen die Hänge heruntergesaust war und abends, obwohl sie schon völlig durchgefroren und durchnässt war, nie ein Ende hatte finden können. Wenn sie doch nur noch ein einziges Mal wie damals dieses herrliche Kribbeln im Bauch verspüren könnte, wenn der Schlitten immer schneller wurde, der Wind einem fast die Pudelmütze vom Kopf riss und die Wangen sich gefroren anfühlten. „Nur noch ein einziges Mal diese Bewegung fühlen“, seufzte Mathilde und schaute Heinrich sehnsuchtsvoll in die Augen. Es war die Sehnsucht danach, noch einmal jung zu sein, und nach Leben.

Heinrich verstand seine Frau zutiefst, und so reifte in ihm eine Idee, die er an den folgenden Abenden, wenn seine Frau schon schlief, sogleich in die Tat umsetzte. Und dann war es so weit: Mathilde traute ihren Augen nicht. Vor ihrem Fenster erschien Heinrich mit einem sonderbaren Gefährt, einer Art Liegeschlitten, der bequem mit warmen, weichen Fellen ausgestattet war und am Ende einen zweiten Sitz für Heinrich aufwies.

„Will Heinrich etwa damit mit mir zum Rodeln gehen", fragte sich Mathilde. Er wollte! Warm verpackt hob er seine Frau in den Schlitten, schnallte sie mit einem Gurt fest, damit sie nicht herunterfiele, und zog sie den Hang hinauf. Die Kinder staunten nicht schlecht über das sonderbare Gespann. Oben angekommen, setzte Heinrich sich hinter seine Frau und sauste nach einem kräftigen Abstoß mit ihr wie in Kindertagen den Berg hinunter. Als Mathilde den Schnee roch und den Fahrtwind in ihrem Gesicht spürte, durchflutete sie ein unbeschreibliches Glücksgefühl, von dem sie gar nicht geahnt hatte, dass sie es noch einmal erleben könnte.

Als sie später wieder zu Hause in ihrem Bett lag und auf den Hang sah, den sie zuvor mit Heinrich in seinem wunderbaren Gefährt hinuntergefahren war, rollten ein paar Tränen über ihre Wangen. Ergriffen nahm sie Heinrichs Hand, der wie so oft neben ihrem Bett saß, und drückte ihm zärtlich einen Kuss auf die Wange. „Danke", flüsterte sie, und noch einmal: „Danke!"

Anschauungsmaterial zur sinnlichen Unterstützung:

- ein kleines Vogelhaus
- ein Fernglas
- wenn möglich ein Holzschlitten

Gesprächsimpulse zur Geschichte:

- Welche Vögel kann man im Winter im Vogelhaus beobachten?
- An welche Rodelerlebnisse können sich die Zuhörer erinnern?
- Was würden die Zuhörer gern noch ein einziges Mal tun oder erleben, wenn sie einen Wunsch frei hätten?

Der Winter und die Spatzen

Sie zwitscherten und sangen,
man hörte kaum sein Wort:
Der Winter ist gegangen
und alles Leid ist fort! –

Ei, wartet nur, ihr Spatzen!
Sollt mich schon wieder seh'n.
Das Zwitschern und das Schwatzen,
das soll euch bald vergeh'n!

Da kam der Winter wieder,
er brachte Kält' und Schnee;
da gab es keine Lieder,
kein fröhliches Juchhe.

Die Spatzen aber saßen
vergnügt in Stall und Haus:
O Winter, lass das Spaßen!
Wir lachen dich doch aus.

So ist es auch ergangen:
Kaum war der Winter fort,
die Spatzen fröhlich sangen,
man hörte kaum sein Wort.

Hoffmann von Fallersleben

Was mag das wohl sein?

Die Landschaft sieht so eisig aus,
da lockt es niemand recht vor's Haus.
So manches Tier schläft jetzt im Bau,
der Mensch ist öfter nicht so schlau,
er läuft herum bei Eis und Schnee
und tut sich dann die Gräten weh.
Nun, es ist die letzte Zeit des Jahres,
nur für Kinder etwas Wunderbares.
(Winter)

Mit ihnen düst man über's Eis,
so mancher es jetzt wohl schon weiß.
Wer's kann, macht mit ihnen 'ne kokette,
gymnastisch anspruchsvolle Pirouette.
(Schlittschuhe)

Man kann sie fahren nur bei Schnee,
wenn man drauf stürzt, tut alles weh.
Sie ist zumeist ordentlich steil,
wenn's gut läuft, bleibt der Schlitten heil.
(Rodelbahn)

Sie tun bei Kälte ganz doll weh
an Händen oder auch am Zeh.
Sie werden dick, auch rot und bläulich,
und sind als Buckel einfach gräulich.
(Frostbeulen)

Er fällt vom Himmel in Einzelteilen,
die dann auf der Erde weiß verweilen.
Er erfreut vor allem die Kinderherzen,
bei Älteren führt er des Öft'ren zu Schmerzen.
Wenn's warm wird, dann verschwindet er schnell,
jedoch bei Sonne, da blendet er grell.
(Schnee)

Es hängt am Baum und liegt im Häuschen,
davon probiert auch mal das Mäuschen.
Nüsse, Hirse und Sonnenblumenkerne
mögen die gefiederten Tiere gerne.
(Vogelfutter)

Bin aus Holz und hab zwei Kufen,
auch mal zieh'n mich Tier' mit Hufen.
Nur im Winter fahr ich gut,
weil es sonst nicht rutschen tut.
(Schlitten)

Man fährt hinauf bei schönem Wetter,
an den Füßen hat man zwei Bretter.
Mit zwei Stöcken in der Hand
geht's hinab am Bergesrand.
Wenn man fröhlich im Tal eintrifft,
geht's wieder hinauf mit dem Lift.
(Skier)

Wie lautet der zusammengesetzte Begriff?

1. Im Sommer wird's gegessen gern,
   im Winter zeigt es sich als Stern
   am Fenster oder anderswo,
   im Kühlschrank gibt's das sowieso.
   (Eis)

2. Ist ein Mann einmal schwer verliebt,
   er sie der Dame übergibt,
   auch auf dem Bier kann man sie seh'n,
   denn auf dem Hopfen bleibt sie steh'n.
   (Blume)

Lösungswort: Eisblume

1. Bildet sich aus vielen Kristallen,
   die ganz leise zur Erde fallen.
   Liegen bleibt 'ne weiße Pracht,
   die beim Laufen Ärger macht.
   (Schnee)

2. Wird genannt das starke Geschlecht.
   Denkt zumeist, er hat immer recht.
   Meistens hat er eine Frau
   und als Baby trägt er blau.
   (Mann)

Lösungswort: Schneemann

1. Sie sitzt am Ende jeden Armes,
   wenn's kalt ist, braucht sie dringend Warmes,
   mit ihr kann man Kartoffeln reiben
   und wenn man kann, auch herrlich geigen.
   (Hand)

2. Sie sind aus Plastik oder Leder,
   zum Laufen braucht sie praktisch jeder,
   und haben sie kaputte Sohlen,
   so muss man sie vom Schuster holen.
   (Schuhe)

Lösungswort: Handschuhe

1. So manche Dame führt ihn an der Leine,
   er ist nicht groß und hat recht kurze Beine,
   hat weiche Wolle wie ein Schaf
   und sitzt gern auf dem Schoß ganz brav.
   (Pudel)

2. Aus Wolle meist ist sie gestrickt,
   hilft, dass man keine Grippe kriegt,
   setzt man sie sich auf den Schopf,
   wärmt sie Ohren und den Kopf.
   (Mütze)

Lösungswort: Pudelmütze

Wie geht die Bauernregel weiter?

Ein Winter ohne Schnee tut den Bäumen …
(… weh)

Fängt der Winter zu früh an zu toben, wird man ihn im Dezember nicht …
(… loben)

Glatter Pelz beim Wilde, dann wird der Winter …
(… milde)

Ist der Winter hart und weiß, wird der Sommer schön und …
(… heiß)

Konnte man den Herbst loben, wird der Winter stürmen und …
(… toben)

Ist bis Dreikönigstag kein Winter, so kommt auch keiner mehr …
(… dahinter)

Wenn im Februar die Mücken schwärmen, muss man im März die Ohren …
(… wärmen)

Hüpfen Eichhörnchen und Finken, siehst du schon den Frühling …
(… winken)

Wenn am Dach hangen gefrorene Spitzen, dann ist gut beim Ofen …
(… sitzen)

Der vorgezogene Heiligabend

Das Weihnachtsfest stand vor der Tür und Gabi schaute gebannt auf ihren Adventskalender, der wie jedes Jahr über ihrem Bett hing. Ein hell erleuchteter Stall in dunkler Nacht, in dem Josef, Maria und das heilige Jesuskind Unterschlupf gefunden hatten, war darauf abgebildet. Von außen schauten neugierig und erstaunt einige Hirten und zwei süße Lämmchen in den Stall hinein. „Die müssen nicht mehr auf Weihnachten warten", dachte Gabi etwas neidisch. 14 der 24 Türchen, hinter denen sich kleine, bunte Bilder befanden, waren schon geöffnet. Das hieß, noch zehnmal schlafen und aufwachen, bis endlich der heiß ersehnte Heiligabend da war, rechnete Gabi, die in die zweite Klasse ging. Hoffentlich erfüllte das Christkind ihren Herzenswunsch, einen Puppenwagen mit rosa Ausgehkissen für ihre Puppe Susi. Susi, die Gabi im Arm hielt, sah immer so blass aus und brauchte unbedingt ein Gefährt, mit dem man sie an der frischen Luft spazieren fahren könnte. Mama sagte immer, frische Luft sei gut für Kinder, also auch für Puppenkinder.

Gabi schaute ungeduldig zu ihrem Adventskalender. Noch zehnmal schlafen schien ihr plötzlich unendlich lang. Fast wie eine Ewigkeit. Ob man der Zeit vielleicht etwas Beine machen könnte? Vielleicht würde es helfen, die geschlossenen Türchen einfach aufzumachen, um den Heiligabend mit seiner Bescherung herbeizuzaubern. Je länger Gabi darüber nachdachte, desto einleuchtender erschien ihr ihre Idee. Und so dauerte es nicht lange, bis alle Türchen geöffnet waren und ein Teddybär, ein Schaukelpferd, ein Adventskranz mit vier Kerzen und andere Bildchen zu sehen waren. Das Türchen des 24. ließ Gabi noch geschlossen. Schließlich durfte man nichts übertreiben. Das würde sie am nächsten Morgen öffnen, und dann war hoffentlich Heiligabend, davon war sie fest überzeugt. Sie gab ihrer Puppe einen Kuss und träumte von einem Puppenwagen am nächsten Tag unter dem Tannenbaum.

12
15
1
22
6
10
20
3
14
5
9
17
23
24
2
18
8
4
16

Der nächste Tag kam, aber so recht weihnachtlich fühlte er sich nicht an, fand Gabi. Keine weihnachtlichen Düfte zogen durchs Haus und von geheimnisvoll aufgeregter Stimmung war auch nichts zu spüren. Nun, es war ja auch noch nicht dunkel, tröstete sich Gabi, die dem Abend mit Ungeduld entgegenfieberte.
Gabis Mutter hatte natürlich sofort entdeckt, was Gabi mit dem Adventskalender veranstaltet hatte, verlor aber kein einziges Sterbenswörtchen darüber. Vielmehr klingelte nach dem Abendessen, zu dem es wie am Heiligabend üblich Kartoffelsalat und Würstchen gab, das Weihnachtsglöckchen. Gabi geriet in helle Aufregung. Hatte ihre Zeitbeschleunigung durch den vorzeitig geöffneten Adventskalender doch tatsächlich funktioniert! Voller Spannung und mit hochroten Ohren trat sie in die gute Stube. Aber was war das? Kein erleuchteter Weihnachtsbaum durchstrahlte das Zimmer. Es roch auch nicht nach Mandarinen und gebackenen Plätzchen. Und von einem Puppenwagen war erst recht nichts zu sehen. Stattdessen lag nur ein einziges kleines, in Weihnachtspapier gewickeltes Päckchen auf dem Boden, aus dem ein paar neue Handschuhe für Gabi zum Vorschein kamen. Gabi war zum Heulen zumute, und als Mutter dann auch noch zu bedenken gab, dass das Christkind wegen der fehlenden Tage wohl nicht genug Zeit gehabt hatte, um alle Wünsche zu erfüllen, war es mit Gabis Fassung vorbei. Sie fing an zu weinen, dass die Tränen nur so aus den Augen stürzten, und gestand ihrer Mutter die Sache mit den vorzeitig geöffneten Türchen am Adventskalender.
„Du ungeduldiges Dummerchen!“, tröstete Mama und schlug vor, die zu früh geöffneten Fenster des Adventskalenders wieder zu schließen und geduldig auf den richtigen Heiligabend zu warten. Das tat Gabi und hoffte sehnlichst, dass das Christkind nicht sauer war und ein zweites Mal am echten 24. zu ihnen käme.
Und, ist es gekommen?
Es ist gekommen! Und diesmal konnte das Herz von Gabi jubeln, denn unter einem schön geschmückten und hell erleuchteten Weih-

nachtsbaum stand ein nagelneuer Puppenwagen mit rosa Ausgehkissen. Es roch nach Mandarinen, Zimt und Tanne, und als die Glocken der Dorfkirche läuteten und die ganze Familie unter dem Weihnachtsbaum „O du fröhliche" sang, war es wirklich Weihnachten. Auf die Idee, einen Adventskalender vorzeitig zu öffnen, kam Gabi nie wieder, auch wenn ihr das Warten auf den Heiligabend jedes Jahr schwerfiel.

Anschauungsmaterial zur sinnlichen Unterstützung:

- ein Adventskalender von früher, an dem die Türchen aufgemacht werden dürfen
- ein Tannenzweig
- Mandarinen

Gesprächsimpulse zur Geschichte:

- Hatten die Zuhörer früher einen Adventskalender? Mussten mehrere Geschwister sich einen teilen?
- Haben die Zuhörer vielleicht – wie die Protagonistin in der Geschichte – Türchen vorzeitig aufgemacht oder versteckte Geschenke für den Heiligabend ausspioniert?

Das verschwundene Fahrrad

Peter starrte auf den mächtigen Berg Steinkohle, den er in den Keller der alten Dame Pieschke schippen sollte. Eine anstrengende und vor allem staubige Angelegenheit. Er sah danach immer so schwarz wie ein Schornsteinfeger aus. Aber Peter träumte von einem neuen Fahrrad, und dafür war ihm jede Arbeit recht, mit der er sein eisern Erspartes aufstocken konnte. Frau Pieschke auszuhelfen, lohnte sich zudem besonders. Sie zählte zu den wohlhabenderen Bewohnerinnen des Dorfes und hielt außerdem nicht wie so mancher Geizkragen krampfhaft den Daumen auf ihr Geld. Nein, sie war eine großherzige alte Dame, die nach der Devise handelte „Leben und leben lassen". Und so rückte mit jeder Schaufel Kohle, die im dunklen Kohlenkeller landete, Peters Traum vom neuen Fahrrad in greifbare Nähe. Wenn alles gut ging, würde er sich zum Weihnachtsfest endlich sein ersehntes Fahrrad kaufen können.
Viele Jahre hatte Peter ein neues Fahrrad auf seinen Wunschzettel für das Christkind geschrieben, aber immer war sein Herzenswunsch unerfüllt geblieben. Wenn auf das Christkind kein Verlass war, musste man sich eben selber helfen. Und so hatte er jede Hilfsarbeit erledigt, die man ihm angeboten hatte. Holzhacken für Opa, kleine Einkäufe für Frau Schneider, die das Haus nicht mehr verlassen konnte, Autos an der Tankstelle waschen oder den Fifi der Nachbarin ausführen. Was er für seine Dienste bekam, war nicht immer großartig, aber „Kleinvieh macht auch Mist". Und so war die Blechschachtel, in der er sein Erspartes aufbewahrte, immer voller geworden und würde bald für den Kauf des heiß begehrten Fahrrads reichen.
Seit Monaten stand das gute Stück bei Spielwarenhändler Hinkelmann im Schaufenster, und Peter hatte sich schon oft auf dem Heimweg von der Schule die Nase an der Schaufensterscheibe platt gedrückt. Genau dieses Rad wollte er haben. Er konnte sich nicht sattsehen an dem blinkenden Rahmen und dem schneidig geform-

ten Lenker. Das Rad sah wie das Rennrad von Eddy Merckx aus. In Gedanken sah sich Peter schon damit durch die Straßen flitzen und alle seine Schulkameraden neidisch machen.

Der Kohleberg war unter all den beflügelnden Gedanken an das Fahrrad schnell verschwunden, und als Frau Pieschke ihm als Lohn für die getane Arbeit das doppelte Geld in die Hand drückte wie sonst, hätte er vor Freude Luftsprünge machen können. „Weil es ein so großer Berg war und bald Weihnachten ist“, sagte sie und kniff dabei verschmitzt ein Auge zu. Wer hätte das gedacht, jetzt würde sein Geld für das Fahrrad reichen, und das schon eine Woche vor Weihnachten. Peter jubelte innerlich. Geschwind ging er nach Hause, beseitigte die Kohlespuren im Gesicht und an den Händen, schlüpfte in saubere Klamotten und dann ging's im Eilschritt – die Geldschatulle unterm Arm – zu Händler Hinkelmann.

Sein Herz klopfte vor Freude und Aufregung so schnell, dass er fast keine Luft mehr bekam. Schon war besagter Laden in Sicht. Aber was war das? Peter traute seinen Augen nicht, das Rad war weg. Einfach aus dem Schaufenster verschwunden. Sollte es ihm jemand weggeschnappt haben? Die trockene Auskunft von Hinkelmann, er habe das Rad vor ein paar Stunden an einen älteren Herrn verkauft, der es für seinen Enkel zu Weihnachten haben wollte, ließ Peter vor Enttäuschung erstarren und er musste aufpassen, dass er nicht zu heulen anfing. Endlich hatte er das Geld zusammengebracht, und jetzt war das Fahrrad an jemand anderen verkauft worden. Ob er noch mal vor Weihnachten ein solches Fahrrad reinbekäme, konnte Hinkelmann nicht sagen. „Vielleicht im neuen Jahr“, vertröstete er Peter.

Die nächsten Tage war Peter schlecht gelaunt, und daran änderte auch das bevorstehende Weihnachtsfest nichts. Selbst als am Heiligabend die Weihnachtsglocke die Bescherung ankündigte, betrat Peter ohne Vorfreude die Weihnachtsstube. Sicher lagen wieder ein paar Buntstifte, ein Buch, eine neue Hose oder Mütze und Schal unter dem Weihnachtsbaum. All die Sachen waren zwar nützlich, aber nicht sein Herzenswunsch. Wie gern hätte er seinen Schulkameraden sein neues Fahrrad als Geschenk vom Christkind präsentiert, egal ob er es sich selbst zusammengespart und selbst bezahlt hatte. Die Weihnachtsstube ging auf und Peter … traf fast der Blitz. Unter dem Weihnachtsbaum funkelte und blinkte Peter genau der Drahtesel entgegen, der vor ein paar Tagen noch in Hinkelmanns Schaufenster gestanden hatte und den er hatte kaufen wollen. „Mein Rad, mein Rad, mein wunderbares Rad“, rief Peter immer wieder begeistert, und als er in die leuchtenden Augen seines Großvaters schaute, wusste er, dass das Christkind wohl nicht immer Flügel hatte, sondern manchmal auch auf zwei Beinen eines liebenden Menschen daherkam. Stolz und überglücklich präsentierte Peter sein Rad seinen Schulkameraden, deren Neid er dadurch besänftigte, dass er sie auch einmal darauf fahren ließ. Sein gespartes Geld legte Peter vorerst auf die hohe Kante, man konnte ja nie wissen, wofür man es noch einmal brauchen konnte.

Anschauungsmaterial zur sinnlichen Unterstützung:

- Blechschachtel mit gespartem Geld
- Fotos von Kindern bei Aushilfsarbeiten (Kohle schippen, Autos waschen, Zeitungen austragen, bei der Ernte helfen etc.)

Gesprächsimpulse zur Geschichte:

- Haben die Zuhörer als Kinder Geld verdient? Wo haben sie gearbeitet? Wofür durfte das Geld ausgegeben werden?
- Was haben sich die Zuhörer als Kinder zu Weihnachten gewünscht? Wurden Herzenswünsche erfüllt?
- Besaßen die Zuhörer als Kinder ein Fahrrad?

Weihnachten

Zwar ist das Jahr an Festen reich,
doch ist kein Fest dem Feste gleich,
worauf wir Kinder jahraus, jahrein
stets harren in süßer Lust und Pein.
O schöne, herrliche Weihnachtszeit,
was bringst du Lust und Fröhlichkeit!
Wenn der Heilige Christ in jedem Haus
teilt seine lieben Gaben aus.
Und ist das Häuschen noch so klein,
so kommt der Heilige Christ hinein,
und alle sind ihm lieb wie die Seinen,
die Armen und Reichen, die Großen und Kleinen.
Der Heilige Christ an alle denkt,
ein jedes wird von ihm beschenkt.
Drum lasst uns freu'n und dankbar sein!
Er denkt auch unser, mein und dein.

Hoffmann von Fallersleben

Vom Christkind

Denkt euch, ich habe das Christkind geseh'n!
Es kam aus dem Wald, das Mützchen voll Schnee,
mit rotgefrorenem Näschen.

Denn es trug einen Sack,
der war gar schwer,
schleppte und polterte hinter ihm her.

Was drin war, möchtet ihr wissen?
Ihr Naseweise, ihr Schelmenpack,
meint ihr, er wäre offen, der Sack?

Zugebunden bis oben hin!
Doch war gewiss etwas Schönes drin,
es roch so nach Äpfeln und Nüssen!

Anna Ritter

Fliegenbitte

Gönnt doch dem kleinen Wintergast
im warmen Zimmer Ruh und Rast.
Da draußen ist gar schlimme Zeit,
es stürmt und regnet, friert und schneit.

Ach, mein Begehren ist nur klein,
ich nehme wenig Raum nur ein!
Im Blumenbusch am Fenster hier,
da such' ich mir ein Nachtquartier.

Und wird es mir darin zu kalt,
so ist mein liebster Aufenthalt
beim alten Fritzen auf dem Hut,
da sitz' ich sicher, warm und gut.

Und kommt der Heil'ge Christ heran,
dann freu' ich mich wie jedermann,
Weihnachten soll's für mich auch sein,
ein Kuchenkrümchen wird schon mein.

Drum lass die arme Flieg' in Ruh,
sie hat ein Recht zu sein wie du.
Nun, liebes Kind, nun freue dich
und sei noch lustiger als ich!

Hoffmann von Fallersleben

Das Festmahl

Die ganze Nacht hatte es geschneit, und auch jetzt hing der Himmel voll grauer Wolken. Kater Caesar lag auf der Küchenfensterbank und döste vor sich hin. Was sollte man bei diesem Wetter auch anderes treiben? Kaum machte man einen Schritt vor die Tür, versank man bis zum Bauch in einer elend kalten Masse, welche die Menschen zwar wegzufegen versuchten, aber, wie er fand, nicht gerade erfolgreich. Eigentlich schlief Caesar üblicherweise auf dem Sofa im Wohnzimmer, aber heute hatte man ihn von dort unsanft verscheucht. Dabei hatte er nur an dem neu aufgestellten, wunderbar duftenden Tannenbaum, der vom Boden bis zur Decke reichte, seine Krallen wetzen wollen. Dass der Baum nicht extra für ihn aufgestellt worden war, damit er bei dem kalten und nassen Wetter nicht nach draußen müsste, hatte er ja schließlich nicht wissen können. Manchmal gab es eben kleinere Missverständnisse zwischen ihm und seinen Menschen.

Irgendwie ging es heute ohnehin schrecklich hektisch im Haus zu, was Caesar überhaupt nicht behagte. Er liebte es ruhig und hasste Veränderungen. Dauernd hieß es: „Caesar, geh' aus dem Weg!" oder „Nicht da hinein!". Die Menschen bereiteten sich auf das Weihnachtsfest vor, was mit einer Menge Unruhe verbunden war. Caesar interessierte das nicht die Bohne, zumal er noch nicht einmal etwas von den Köstlichkeiten abbekam, die sein Frauchen in der Küche zauberte. Dauernd stieg ihm der Duft von gebratener Ente in die Nase, sodass ihm das Wasser in seinem Mäulchen zusammenlief. Ein ordentliches Stück davon abzubekommen, war jedoch Fehlanzeige. Sein Versuch, sich dem Braten zu nähern, hatte ihm einen Klaps mit der Zeitung auf seine empfindliche Nase eingebracht, und so hatte er sich beleidigt auf die Fensterbank zurückgezogen. Nun, vielleicht würde später etwas für ihn abfallen. Caesar gähnte noch einmal ausgiebig, sodass jeder Zahnarzt seine Freude an der Ansicht seiner wohlgeformten, spitzen Zähne gehabt hätte,

rollte sich zusammen und verschlief den Tag bis zum späten Nachmittag.
Gerade träumte er noch von knusprigen Entenbeinen, als ein laut schepperndes Geräusch ihn aus seinen Träumen riss. Frauchen war ein Topfdeckel aus der Hand gerutscht und auf den Fußboden gedonnert. Somit war es auch in der Küche mit der Katzenruhe vorbei. Caesar machte einen ausführlichen Buckel zwecks Dehnung der Glieder, reckte und streckte sich, und da das weiße Nass draußen noch immer nicht verschwunden war, machte er sich auf Erkundungsreise durchs Haus. Die Stube war fest verschlossen, und auch bei anderen Zimmern schien der Zutritt heute verboten zu sein. Nur die Badezimmertür stand einladend einen Spalt offen. Dahinter war heute ein merkwürdiges Plätschern zu hören, das Caesar neugierig machte. Geschwind huschte er durch den geöffneten Türspalt, um der Sache auf den Grund zu gehen. Von seinen Menschen konnte er niemanden im Bad entdecken, aber das Geräusch kam eindeutig aus der Badewanne. Mit einem Satz sprang Caesar auf den Badewannenrand, und was sich ihm dann eröffnete, ließ ihm Weihnachten schon viel sympathischer erscheinen. Im Wasser schwamm ein fetter Karpfen aufgeregt hin und her und Caesar begriff sofort, dass der wohl sein Festmahl sein musste, denn Fisch war sein Leibgericht. Vorsichtig duckte er sich und beobachtete ruhig sein schwimmendes Abendessen, um dann im richtigen Moment den Karpfen ruckartig am Nacken zu schnappen und ihn gekonnt aus der Badewanne auf den Fußboden zu schleudern. Wild mit den Flossen rudernd und nach Luft schnappend, schlug der Fisch auf den Fliesen des Badezimmers um sich. Caesar verpasste dem Karpfen wieder und wieder ein paar heftige Ohrfeigen, bis dieser endlich mit dem dummen Gezappel aufhörte und Caesar in Ruhe sein Festmahl verspeisen konnte. Mit dick gefülltem Bäuchlein sich das Mäulchen leckend verließ Caesar nach einer Weile das Badezimmer, um sich zu einem Verdauungsschläfchen zurückzuziehen. „Weihnachten ist doch nicht so schlecht“, dachte

er zufrieden. Dass seine Familie von der Bescherung im Badezimmer nicht erbaut war, lässt sich denken. Caesar wurde für den Rest des Heiligabends im Schlafzimmer eingesperrt, was er nicht verstand, denn er hatte noch reichlich vom Karpfen für seine Menschen übrig gelassen. Aber letztlich war es ihm auch egal. Mit wohl gefülltem Bauch ließ es sich herrlich in Frauchens Bett schlafen. Auf spritzende Wunderkerzen und schräges Gesinge von Weihnachtsliedern hatte er eh keine Lust gehabt.

Anschauungsmaterial zur sinnlichen Unterstützung:

- schlafende Stofftierkatze (es gibt Produkte, die mit Batteriebetrieb sogar atmen)

Gesprächsimpulse zur Geschichte:

- Was gehört für die Zuhörer zu Heiligabend dazu? Wie wurde der Baum geschmückt? Wer war dazu eingeladen? Was wurde gegessen und welche Traditionen gepflegt?
- Vielleicht kennt ein Zuhörer noch ein Weihnachtsgedicht, das er aufsagen kann!
- Wurden auch Haustiere in irgendeiner Weise zu Weihnachten bedacht?

Die Heilige Nacht

Gesegnet sei die Heilige Nacht,
die uns das Licht der Welt gebracht!
Wohl unterm lieben Himmelszelt
die Hirten lagen auf dem Feld.

Ein Engel Gottes, licht und klar,
mit seinem Gruß tritt auf sie dar.
Vor Angst sie decken ihr Angesicht,
da spricht der Engel: „Fürcht't euch nicht!“

„Ich verkünd' euch große Freud:
Der Heiland ist geboren heut.“
Da gehn die Hirten hin in Eil,
zu schaun mit Augen das ewige Heil;

zu singen dem süßen Gast Willkomm,
zu bringen ihm ein Lämmlein fromm.
Bald kommen auch gezogen fern
die Heilgen Drei König' mit ihrem Stern.

Sie knien vor dem Kindlein hold,
schenken ihm Myrrhe, Weihrauch, Gold.
Vom Himmel hoch der Engel Heer
frohlocket: „Gott in der Höh sei Ehr!“

Eduard Mörike

Die wundersame Vermehrung

Waltraud saß auf dem Papierkasten in der Küche und stopfte sich gierig Brot in den Mund, das Mutter gerade gebacken hatte. Eigentlich verdiente das bröckelige Zeug aus Gerste und Mais nicht den Namen Brot, aber in der Not frisst der Teufel Fliegen, und so schlimm war es Gott sei Dank noch nicht, auch wenn die Zeiten trotz Kriegsende mehr als schlecht waren. Zum Glück hatten sie einen großen Garten, der so einiges hergab und dessen Früchte jetzt im Winter in Form von Einweckgläsern ein Segen waren. Sie mussten also wenigstens nicht wie viele andere hungern.
In ein paar Tagen war Weihnachten, auf das sich Waltraud riesig freute, schlechte Zeiten hin oder her. Von der Bescherung am Heiligabend war zwar nicht viel zu erwarten, aber vielleicht gäbe es am ersten Weihnachtstag, wenn die ganze Verwandtschaft anrückte, wenigstens etwas Vernünftiges zu essen. „Eine fette, knusprige Gans gefüllt mit Äpfeln, dazu Rotkraut und Klöße, das wäre himmlisch", dachte Waltraud. Und die Spucke tripste ihr unwillkürlich aus dem Mund. Aber davon konnte man bei den augenblicklichen Hungerrationen, die es auf die Lebensmittelkarten gab, nur träumen. Mutter war zwar eine Künstlerin, wenn es um das Organisieren von Essen ging, aber eine Gans, eine richtige Weihnachtsgans, war wohl zu viel verlangt.
Der erste Weihnachtstag kam, und pünktlich zum Mittagessen trudelte die Verwandtschaft ein. Mama hatte sich den ganzen Vormittag geheimniskrämerisch in der Küche verschanzt und jedem den Zutritt verboten. Ab und an wehte ein verheißungsvoller Duft nach etwas Gebratenem unter der Küchentür hervor. Endlich war es so weit und alle, Oma, Opa, Tanten und Onkels, Cousins und Cousinen, saßen um den großen Tisch in der Stube herum und schauten mit großen, erwartungsvollen Augen und mächtig knurrenden Mägen in Richtung Küchentür. Die ging dann auch endlich auf, und Mama trat in weißer, gestärkter Schürze mit einer Silberplatte her-

aus, auf der sage und schreibe doch tatsächlich eine dampfende, fette, knusprige Gans prangte. Waltraud fiel vor Staunen der Unterkiefer nach unten, aber die Vorstellung war noch nicht zu Ende. Mama verschwand geschwind ein zweites Mal in der Küche und erschien erneut mit einer Platte, auf der ebenfalls eine herrlich gebrutzelte Gans ihrem Verzehr entgegenfieberte. Doch kaum standen die beiden Gänse friedlich dampfend nebeneinander auf dem Tisch, als Mama schon wieder in die Küche flitzte, um stolz eine

dritte, nicht minder fette Gans, deren Haut appetitlich glänzte, auf dem Tisch landen zu lassen. Aller guten Dinge sind eben drei, dachte Waltraud und kniff sich in den Arm, um zu testen, ob sie wach war oder träumte.
Wie war das Weihnachtsganswunder zustande gekommen? Nun, Mama hatte ihr letztes, echtes Collier für eine Gans auf dem Schwarzmarkt versetzt, Onkel Karl mit selbst gebranntem Schnaps einen Bauern bestochen, der ihm dafür eine Gans überlassen hatte, und Gans Nummer drei stammte von Opa, der dafür sogar seinen Ehering geopfert hatte. Er war der Auffassung, er wäre so lange verheiratet, dass er keinen Ehering zur Erinnerung daran mehr benötigte. Und da alle zuvor nichts voneinander gewusst hatten, waren am Heiligabend drei stolze Gänse in Mamas Küche gelandet, die das jeweilige Federvieh als Überraschung für den Rest der Familie vorbereiten sollte. Mama hatte natürlich geschwiegen wie ein Grab und sich diebisch auf die Überraschung der wundersamen Gansvermehrung gefreut.
Was das für ein Festmahl wurde, kann man sich denken, allerdings nicht ohne Nachwehen. Das einzige Klo im Haus war für den Rest des Tages chronisch besetzt.

Anschauungsmaterial zur sinnlichen Unterstützung:

- ein Foto von einer appetitlich gebräunten Gans
- ein Apfel
- Majoran

Gesprächsimpulse zur Geschichte:

- Was wurde früher zu Weihnachten gegessen?
- Welches ist als das schönste Weihnachtsfest in Erinnerung?
- Welche Lieder wurden gesungen? Wurde Musik auf Instrumenten (Flöte, Klavier etc.) gemacht?
- Welche ethischen Grundsätze haben die Zuhörer bezüglich „Essen“ verinnerlicht (nichts auf dem Teller lassen, nichts wegwerfen etc.)?

Geschichte eines Pfefferkuchenmannes

Es war einmal ein Pfefferkuchenmann
von Wuchse groß und mächtig,
und was seinen innern Wert betraf,
so sagte der Bäcker: „Prächtig."
Auf dieses glänzende Zeugnis hin
erstand ihn der Onkel Heller
und stellte ihn seinem Patenkind,
dem Fritz, auf den Weihnachtsteller.
Doch kaum war mit dem Pfefferkuchenmann
der Fritz ins Gespräch gekommen,
da hatte er schon – aus Höflichkeit –
die Mütze ihm abgenommen.
Als schlafen ging der Pfefferkuchenmann,
da bog er sich krumm vor Schmerze:
an der linken Seite fehlte fast ganz
sein stolzes Rosinenherze!
Als Fritz tags drauf den Pfefferkuchenmann
besuchte, ganz früh und alleine,
da fehlten, o Schreck, dem armen Kerl
ein Arm schon und beide Beine!
Und wo einst saß am Pfefferkuchenmann
die mächtige Habichtsnase,
da war ein Loch! Und er weinte still
eine bräunliche Sirupblase.
Von nun an nahm der Pfefferkuchenmann
ein reißendes, schreckliches Ende:
Das letzte Stückchen kam schließlich durch Tausch
in Schwester Margeretchens Hände.

Die kochte als sorgfältige Hausfrau draus
für ihre hungrige Puppe
auf ihrem neuen Spiritusherd
eine kräftige, leckere Suppe.
Und das geschah dem Pfefferkuchenmann,
den einst so viele bewundert
in seiner Schönheit bei Bäcker Schmidt,
im Jahre neunzehnhundert.

Paul Richter

Weihnachtsgedicht: Der Traum

Ich lag und schlief; da träumte mir
ein wunderschöner Traum:
Es stand auf unserm Tisch vor mir
ein hoher Weihnachtsbaum.

Und bunte Lichter ohne Zahl,
die brannten ringsumher;
die Zweige waren allzumal
von goldnen Äpfeln schwer.

Und Zuckerpuppen hingen dran;
das war mal eine Pracht!
Da gab's, was ich nur wünschen kann
und was mir Freude macht.

Und als ich nach dem Baume sah
und ganz verwundert stand,
nach einem Apfel griff ich da,
und alles, alles schwand.

Da wacht' ich auf aus meinem Traum,
und dunkel war's um mich.
Du lieber, schöner Weihnachtsbaum,
sag an, wo find' ich dich?

Hoffmann von Fallersleben

Was mag das wohl sein?

Das Ding, um das es geht, braucht Kraft,
bis man es zu den Kernen schafft,
den Hebel richtig angepackt,
ist man am Ziele, wenn es knackt.
(Nussknacker)

Ein Bischof war er vor langer Zeit,
er beschenkte Kinder weit und breit,
auch heute stellen Kinder Schuhe raus
und warten sehnlichst auf den …
(Nikolaus)

Er ist schön grün, aus Tanne gemacht,
wird in die gute Stube gebracht,
hat dicke Kerzen als Zier,
wovon gebraucht werden vier.
(Adventskranz)

Für Kinder ist es die schlimmste Zeit,
bis endlich alles ist bereit.
Wenn dann die Kerzen am Weihnachtsbaum brennen,
dürfen die Kinder in die Stube rennen;
entdecken Baustein, Puppe und Pferd,
alles, was das Herz so sehr begehrt.
(Bescherung)

Im Dezember wird er geschlagen,
stolz in die gute Stub' getragen,
geschmückt mit Kerzen, Lametta und Kugeln,
danach kann ein jeder ihn froh bejubeln.
(Weihnachtsbaum)

Engel erschienen ihnen auf dem Feld,
erzählten vom großen Retter der Welt,
die Männer liefen bald in schnellem Lauf,
zur Krippen mit Fellen, das war ihr Brauch.
(Hirten)

Schlaue Männer waren es drei,
gingen bei Herodes vorbei,
brachten Weihrauch, Myrrhe und Gold,
beteten an das Kindlein hold.
(die drei Weisen)

Sehr viele Leute waren überall,
deshalb wurd' er gebor'n in einem Stall,
er schlief in einer Krippe mit Stroh
und machte Hirten und Weisen froh.
(Jesuskind)

Wie lautet der zusammengesetzte Begriff?

1. Wird aus Wasser plötzlich Wein
   oder heilt ein krankes Bein,
   steht sogar ein Toter auf –
   was ist das? Kommst du drauf?
   (Wunder)

2. Ohne sie gibt's keine Weihnachtszeit,
   trägt sie bei doch zur Gemütlichkeit,
   lässt die Stube leuchten wie im Traum
   und erhellt den großen Weihnachtsbaum.
   (Kerze)

Lösungswort: Wunderkerze

1. Sie wächst mit vielen am Baum,
   dessen Blüte ist ein Traum.
   Auf dem Weihnachtsmarkt gebrannt
   warten Süßmäuler gespannt.
   (Mandel)

2. Ist meist zu finden in der Frucht,
   Goethes Faust ihn im Pudel sucht.
   zu finden ist er im Atom,
   im Kraftwerk macht man damit Strom.
   (Kern)

Lösungswort: Mandelkern

1. Kinder schreiben ihn zur Weihnacht auf,
   doch sind meist davon zu viele drauf.
   Wenn noch weitere kommen dann dazu,
   geht es einem wie „dem Fischer und sin Fru".
   (Wunsch)

2. In der Schule benutzt man ihn zum Spicken,
   mit Gummi kann man herrlich damit kicken,
   dient dazu, nicht zu vergessen,
   was wir kaufen woll'n zum Essen.
   (Zettel)

Lösungswort: Wunschzettel

1. Dies Naschwerk ist 'ne süße Masse
   und schmeckt als Schweinchen wirklich klasse.
   In Lübeck wird es hergestellt,
   von da geht's in die ganze Welt.
   (Marzipan)

2. Man kann es in Scheiben schneiden,
   jeder Mensch kann es gut leiden,
   man isst's mit Wurst und Käse jeden Tag,
   egal, ob man's hell oder dunkel mag.
   Es wird aus Korn speziell gebacken.
   Könnt ihr das Rätsel nun wohl knacken?
   (Brot)

Lösungswort: Marzipanbrot

1. Ein Dummer hat es wohl im Kopf,
im Hut kühlt es so manchen Schopf,
wärmt die Tiere in dem Stall,
füllt' Kissen früher richtig prall.
(Stroh)

2. Sie leuchten glänzend in der Nacht,
Verliebte spüren ihre Macht.
Treten auf in Bär und Wagen
und man kann sie auch befragen.
(Sterne)

Lösungswort: Strohsterne

Quellen

Erhardt, Heinz Die polyglotte Katze, aus: ders., Der große Heinz Erhardt © Lappan in der Carlsen Verlag GmbH, Hamburg 2009, 2022

Guggenmos, Josef Der Wind, aus: Josef Guggenmos, Ich will dir was verraten, © 1992 Beltz & Gelberg in der Verlagsgruppe Beltz, Weinheim Basel

Hacks, Peter Der Herbst steht auf der Leiter, aus: ders., Der Flohmarkt, Gedichte für Kinder, © Eulenspiegel Kinderbuchverlag, Berlin, 2001

Halbey, Hans A. Pimpernelle Zwiebelhaut, aus: ders., Pampelmusensalat. 13 Verse für Kinder. Weinheim: 1965, © Erben Halbey

Kaléko, Mascha Der Herbst, aus: dies., Die paar leuchtenden Jahre, © dtv Verlagsgesellschaft, 2003, München, mit freundlicher Genehmigung von dtv Verlagsgesellschaft mbH & Co. KG

Abbildungen:

S. 11 © Maksym Protsenko, Fotolia.com, S. 14 © fotofritz16, Fotolia.com, S. 20 © ridvanarda, Fotolia.com, S. 25 © photo 5000, S. 33 © Andrey_Arkusha, Fotolia.com, S. 43 © monticellllo, Fotolia.com, S. 49 © gudrun, Fotolia.com, S. 53 © artdealer, Fotolia.com, S. 57 © rainbow33, Fotolia.com, S. 63 © Natallia Vintsik, Fotolia.com, S. 66 © Rita Kochmarjova, Fotolia.com, S. 74 © Alexandr Vasilyev, Fotolia.com, S. 83 © itsaretsutthis, Fotolia.com, S. 89 © pyansetia2008, Fotolia.com, S. 99 © Carsten Meyer, Fotolia.com, S. 104 © Jürgen Fälchle, Fotolia.com, S. 109 © paolapiancas, Fotolia.com, S. 117 © shaiith, Fotolia.com, S. 125 © Naty Strawberry, Fotolia.com, S. 135 © Dmitrijs Mihejevs, Fotolia.com, S. 138 © rcaucino, Fotolia.com, S. 146 © kellyoptra, Fotolia.com, S. 152 © Lilifox, Fotolia.com, S. 157 © Alexandr Vasilyev, Fotolia.com, S. 166 © Kaufmann Verlag, S. 170 © monamakela.com, Fotolia.com, S. 177 © vsegda22, Fotolia.com, S. 182 © Heino Pattschull, Fotolia.com